21世纪普通高等院校系列教材

市场营销案例与分析

SHICHANG YINGXIAO ANLI YU FENXI

陈　勇　主编

叶天宏　欧茂华　副主编

西南财经大学出版社

四川·成都

图书在版编目(CIP)数据

市场营销案例与分析/陈勇主编 .—成都:西南财经大学出版社,
2021.8
ISBN 978-7-5504-4993-0

Ⅰ.①市… Ⅱ.①陈… Ⅲ.①市场营销学—高等学校—教材
Ⅳ.①F713.50

中国版本图书馆 CIP 数据核字(2021)第 149217 号

市场营销案例与分析

陈　勇　主编

叶天宏　欧茂华　副主编

责任编辑:冯　雪

助理编辑:王青杰　高小田

封面设计:杨红鹰　墨创文化

责任印制:朱曼丽

出版发行	西南财经大学出版社(四川省成都市光华村街 55 号)
网　　址	http://cbs.swufe.edu.cn
电子邮件	bookcj@swufe.edu.cn
邮政编码	610074
电　　话	028-87353785
照　　排	四川胜翔数码印务设计有限公司
印　　刷	郫县犀浦印刷厂
成品尺寸	185mm×260mm
印　　张	8.75
字　　数	193 千字
版　　次	2021 年 8 月第 1 版
印　　次	2021 年 8 月第 1 次印刷
印　　数	1— 3000 册
书　　号	ISBN 978-7-5504-4993-0
定　　价	26.80 元

前 言

随着我国经济的持续快速发展，国民生活水平不断提高，企业间竞争日趋激烈，市场营销成为企业发展中的一个必然环节。从国家、政府、社会组织、企业、社团甚至到个人都采取市场营销方式推销，从而提升从政府组织到个人的知名度。越来越多的人开始学习营销学，以开启营销学知识的大门。

本书基于这样一个目的，在夏清明主编的《市场营销学》的基础上编写并以案例形式进行延伸，主要针对为培养“应用型、专业型、复合型”人才的高校编写。

在内容体系上，全书由基本理论知识点、案例引入、课后案例引入、课后思考四个部分组成，前三个部分适合课堂内教学，除了可以帮助学生完成课堂学习外，还可以通过课后思考让学生进行简易的实践分析，在实践中学习，让学生、读者扩展营销视野，进行更深层的思考。本书每一章都安排课前任务和课后思考以及课后练习，课前任务要求学生在本章学习之前自学，完成本章基础知识的铺垫，同时减少教师在课堂上对基本知识的灌输，课后练习和课后思考帮助读者对本章内容进行知识巩固、深入学习和延伸思考。从课时安排上，本书可以进行为期16~18周的课堂教学，每周设置基本课时2~3课时，其中第二、三、六、十二章用时各两周，其他各章用时各一周，理论知识要点、课后思考与练习可以作为课下内容完成，且课下学习时间为课堂教学时间的三倍以上。

本书得到了贵州大学、贵州大学科技学院范伟书记、潘欣院长、张文副院长等领导的大力支持，本书主编和组织工作由贵州大学科技学院陈勇负责，贵州大学科技学院叶天宏、罗晓霞、王柳兴参与了本书部分案例和部分章练习的编写，贵州高速公路管理集团毛家荣董事也参与了本书的编写工作，还有西南财大出版社的编辑老师编审等工作，在此一并表示感谢。

本书内容主要来自主编本人学校课堂教学的讲义和课件，参考了大量的教材、论文和网站资料中的资源，部分内容出处无法获取并进行一一标注，敬请谅解。由于编者水平有限，个别观点可能存在争议，本书也难免存在不足之处，恳请广大读者批评指正。

编者　陈勇

2021 年 2 月

目　录

第一章
导论

一、理论部分

市场营销：是指企业为满足消费者或用户的需求而提供商品或劳务的整体营销活动。

市场营销战略：是企业市场营销部门根据公司总体战略与业务单位战略规划，在综合考虑外部市场机会及内部资源状况等因素的基础上，确定目标市场，选择相应的市场营销策略组合，并予以有效实施和控制的过程。

市场营销组合：是企业市场营销战略的一个重要组成部分。市场营销组合中包含的可控制的变量很多，可以概括为四个基本变量，即产品、促销、分销和价格。

态势（SWOT）分析法：是确定企业自身的竞争优势、竞争劣势、机会和威胁，从而将公司的战略与公司内部资源、外部环境有机结合起来的一种科学分析方法。

4P 理论：指企业在进行市场营销策划时依据产品、价格、渠道、促销四大要素进行企业策略整合以满足市场需求的基础理论。

4C 理论：包括顾客、成本、便利性、沟通四大要素。4C 理论的提出引起市场营销界和工商界的极大反应。

二、案例引入

案例引入 1：星巴克

案例背景资料：霍华德·舒尔茨在 20 世纪 80 年代初访问意大利时，对意式咖啡酒吧留下了深刻印象。回到西雅图后，他脑海中已经有了一个营销创意，最后他将星巴克培育成了价值 50 亿美元的企业。时任星巴克董事会主席的舒尔茨发现了一个将“咖啡馆文化”带到美国市场的机会，即在休闲的咖啡馆氛围中提供现场制作的美味咖啡。喜爱喝咖啡的人们对此反应热烈，仅用 20 年的时间，星巴克就从一家店铺扩张到遍布 35 个国家的近 9 000 家店铺。

案例：近年来，星巴克推出了大量为顾客创造和传递价值的新产品和服务，有时，这些新产品和服务还是与拥有专门技术的其他企业携手推出的。例如，香甜冰滑的星冰乐在星巴克咖啡店里受到热烈欢迎，星巴克便与百事可乐联手，将这种饮料装瓶放在超市出售。星巴克还与占边公司合作，开发并推广星巴克咖啡酒。为了方便顾客，营销者想到了印制星巴克卡这个点子，让顾客能够更便捷地购买拿铁或者咖啡。星巴克还收购了泰舒茶，使顾客能够有更丰富的饮品选择。现在，顾客可以到当地星巴克购买音乐 CD，上网或者申请星巴克威士卡。帮助发展中国家的小咖啡种植园等社会责任事务也是该公司优先考虑的问题。正如星巴克的一名高级管理人员所说："公司的社会责任会为其增加价值。"这能够传递顾客、供应商和其他利益相关者希望听到的信息。

——本案例来源于知乎

案例分析要点：市场营销。

案例分析：

星巴克的管理者在营销管理过程中的关键是制定了有远见、有创意的战略和计划，并通过战略和计划指导营销活动。营销者通过告知、鼓励甚至激励等方式与顾客保持联系。以顾客为中心的公司善于建立顾客关系而不只是制造产品，因此公司的社会责任会为公司增加价值。

案例引入 2：可口可乐

案例背景资料：可口可乐是历史上最广为人知的品牌之一。每天，世界上有 200 多个国家的人消费掉 12 亿瓶 8 盎司装的可乐。21 世纪的营销意味着需要在长期营销原则与创新方法上保持平衡。成立于 1883 年的可口可乐公司成功地使这个品牌延续了 100 多年。2005 年，可口可乐的全球销售量首次突破 200 亿箱。这一年其销售总收入为 231 亿美元，比 2004 年增长 6%，全年利润额达到 48. 7 亿美元。可口可乐的第一任主席阿沙 · 坎德勒制定了许多现在被公司确立为原则的营销策略。为了赢得新的消费者，他印刷了第一次可以免费品尝可口可乐的赠券。为了建立品牌认知，他发放给卖这种饮料的药剂师带有可口可乐标识的钟表、日历和称重器。19 世纪 90 年代，他雇用了第一位明星作为公司代言人——音乐厅的演员希尔达 · 克拉克。在大众市场电视节目的黄金时段，可口可乐播放时长 30 秒的广告。它的经典广告"我想请全世界喝瓶可口可乐"和"坏蛋乔格林"被《广告时代》评选为最优秀的广告。2004 年，可口可乐在日本开发了一种啤酒口味的碳酸饮料。2006 年 9 月，可口可乐在加拿大多伦多宣布将推出"远岸"品牌咖啡和茶的新品计划。现在，可口可乐在美国之外的市场获得的利润占总利润的 2/3。可口可乐的品牌价值从 2001 年 8 月的 689. 5 亿美元增长到 2003 年 8 月的 740. 5 亿美元（相比之下，其竞争者百事可乐的品牌价值仅有 117. 8 亿美元）。可口可乐仍然是世界第一的品牌，

2007年，可口可乐以653亿美元的品牌价值再次荣登《商业周刊》全球品牌榜首位。

案例： 尽管有着优势地位，可口可乐仍必须继续发展它的市场。例如，因为传媒的分化和营销手段的改变，广告的有效性也在下降。20世纪60年代能够覆盖70%美国公众的广告，在2004年只能覆盖15%。因此，可口可乐将花在电视上的钱大量转向更具体验性的行为。例如，它在商店中专门划出可口可乐红色休闲地带。这些休闲地带会提供单独的音乐视频和视频游戏，并且从一个透明的可口可乐机器中卖可乐。在英国，可口可乐公司的“我的可口可乐音乐网站”允许浏览者下载25万多首歌曲。可口可乐的克里斯洛如此解释公司保持领先的原因：“永远不背离品牌的核心价值，但你可以更新那些价值并使其延续。如果你不能与时俱进，你就将老化。”他同时如此描述一个新的广告活动产生过程：当你想推出一个传播计划，一定要先经消费者检验它的可行性和共鸣性。然后，再抓住产品核心价值的含义并用广告生动地将其表现出来。随后，让消费者再次检验。

——本案例来源于百度文库

案例分析要点： 广告策略、分销策略。

案例分析：

不断创造品牌价值，保持品牌的核心价值观；在长期营销原则与创新方法上保持平衡；利用社会化事件来扩大社会影响；在个别地区，还可通过改变产品来迎合市场需求；要不断调整广告策略，但注意保持核心价值。此外，还要拥有强大的分销系统。

案例引入3：Eataly

案例资料背景： Eataly的名字来源于英文吃（eat）和意大利（Italy）的组合，其是全世界规模最大、品种最全的意大利食品超市。Eataly的创始人奥斯卡·法利内希望开办一家以持续性、责任感及分享为目标的食品超市，并于2007年在意大利都灵开办了第一家Eataly，并马上引起了超乎想象的轰动效应。

案例： 现在，你几乎在意大利的每个重要城市都找得到Eataly的坐标，而且它还扩展到了美国、英国、日本、阿联酋等其他国家的一些重要城市中。Eataly在纽约曼哈顿的分店总投资2 000万美金，于2011年8月开业，并很快就创造了单日12 800名到访者的纪录。

——本案例来源于百度文库

案例分析要点： 市场营销。

案例分析：

①人性化的设计。如收银台位置、货架设计、人员服务等都为消费者提供了极大的便利。②颠覆传统超市的定义。Eataly将自己定位为“慢食超市餐厅”，所以当消费者走进去时，这里更像是一个食品市场，不仅陈列着琳琅满目的食材，旁边还有厨师、餐桌和服务生。③不一样的营销理念。Eataly并没有像其他超市一样，花

费大量的广告费用，Eataly 的营销核心是饮食教育。Eataly 的公关认同“透过教育才能创造新的顾客”。Eataly 通过建立自己与农业生产者之间的直接关系，用合理的价格提供给人们最天然、最健康的农产品。Eataly 倡导的慢生活、慢食物的生活方式深受大城市居民的喜爱。

案例引入 4：加多宝

案例背景资料：一家企业花费百亿、辛苦耕耘 10 多年的品牌和包装被别人夺走，这家企业是否还能活下去？这在一般人眼中只能是天方夜谭，然而这一天大的难题却被加多宝实现了。加多宝不仅活下来，还在短时间内重新夺回了凉茶行业销量冠军的头衔。

案例：加多宝原本是一个药，和可口可乐一样，都是从药房里出身的。2002 年，加多宝把它变成了饮料，一个能预防上火的饮料，这是加多宝战略第一个重点。走出了药房，加多宝把整个凉茶品类从药饮带向饮料。

2002 年加多宝做过一次供给侧改革，把现有业务全部放弃掉，把整个公司资源全部集中在凉茶上，而且只集中在一个红罐凉茶上，这一步相当了不起。

当然，加多宝还对它进行了重新定位，这个重新定位就是把它从一个地方药饮变成了一个主流饮料，这就使得凉茶从传统凉茶铺走向无处不在、无所不在、非常方便现代人饮用，且能预防上火的饮料或者怕上火的饮料。

当时，大家把凉茶定位为南方人喝的饮料，北方人不用喝。要解决这个问题，加多宝就要把北方高势能市场做火做透。北京是全国势能最高的市场，尤其对于北方市场，北京的影响力非常大。任何一个品牌如果能够把一些有很高势能的市场拿下来，这个品牌的后劲就相当可观。

品牌很重要，但 2012 年加多宝恰恰出现一个完全相反、决然对立的一个情况，就是它被迫启动自己全新的品牌，与原来的品牌相竞争，媒体朋友把它形容成“换头术”。重新启动一个全新的品牌是一件风险极高的事情，即要把加多宝这个品牌和原来顾客头脑里已有的定位合二为一。

如果消费者没有区分出原来的品牌和加多宝，那么这样两个产品就完全同质化了。然而，加多宝在跟原有强大品牌竞争之中仍获得了一个高速增长。

在这场没有硝烟的“战争”中，加多宝推出了金罐不是重点，放弃红罐才是这个战略的重点，因为红罐竞争对手也有，就容易产生混淆。这是再次告别同质化，去做独一无二的事情。这个动作说起来很容易，但实际做起来就意味着要损失几十亿元资金，意味着原来几十年辛辛苦苦培养消费者的习惯、行为要重新来。

——本案例来源于百度文库

案例分析要点：市场策划、市场营销。

案例分析：

漫长的商标争夺战对加多宝来说也是品牌推广的机遇。众多消费者在新闻持续曝光的过程中建立了品牌认知，并在成功的品牌策划影响、媒体舆论引导下，大部分消费者对加多宝产生了情感倾斜，提高了市场认知度。加多宝凉茶品牌的成功重塑，既赢在营销策划，又赢在完美执行。

案例引入5：海尔

案例背景资料：海尔的前身是一家濒临倒闭的生产普通家电产品的小厂。1985年，海尔股份有限公司成立，公司引进德国先进技术和设备生产电冰箱产品。经过十几年的艰苦奋斗，现已发展成以家电为主导产业，涉及房地产开发、商贸金融等多项领域的集团公司。

案例：15年来，海尔的平均增长速度达到81.6%。1999年海尔实现国内外营业额268亿元，其中工艺销售收入215亿美元，出口创汇1.38亿美元。1999年12月7日，英国金融时报公布全世界最受尊重的企业排名，海尔成为中国唯一入选企业。

——本案例来源于百度文库

案例分析要点：市场需求。

案例分析：

确立正确的市场导向观念后，海尔主动了解市场需求，根据消费者或用户的实际需要组织生产和销售。海尔选择了由经营品牌扩张产业的发展道路，还赋予其品牌个性特质，如被消费者认同为可靠的、有效率的、勤奋的和具备领袖能力的知名品牌。海尔注重科技创新和质量取胜，并把科技创新与市场开发紧密地联系在一起，形成了一个有机的整体，利用高科技来开辟市场、引导市场消费。

案例引入6：时新商场

案例背景资料：湖北十堰市时新商场是一个以经营纺织品为主的商场。

案例：前几年，受纺织品销售不景气的影响，时新商场的生意比较平淡，尤其是大批的鞋类被积压，导致商场举步艰难，其中仅旅游鞋就占用了40万元资金。为了摆脱被动局面，该商场决定用半个月的时间对折销售旅游鞋。该店在十堰市最具影响力的《车城文化报》上宣称此举措是以加速资金周转、盘活资金为目的，商场将亏损10万元。

这个消息传出去以后，该鞋店每天顾客熙熙攘攘，鞋柜前里三层外三层全是消费者。其实，该店除了销售旅游鞋，还有仿皮鞋、普通鞋、名牌鞋，定价也只要七十元左右，结果，半个月后这些鞋全部销售一空，该鞋店不仅没有亏损反而赚了5万元。

——本案例来源于百度文库

案例分析要点：市场营销。

案例分析：

现代经营学是从买主出发，将市场看作卖方的活动，认为市场是实现和潜在交换的一切活动。由此可见，看一种商品有没有市场，或者说市场是否已经形成，就要看是否具备三个要素：人口、购买力、购买意向。三个要素缺一就不能形成市场，只有三者具备，这个市场才有经营取胜的可能。

案例引入 7：阿里巴巴

案例背景资料：阿里巴巴是全球企业间（B2B）电子商务的著名品牌，是目前全球最大的网上交易市场和商务交流社区。阿里巴巴创建于 1998 年年底，总部设在杭州，并在海外设立美国硅谷、伦敦等分支机构。

案例：良好的定位、稳固的结构、优秀的服务使阿里巴巴成为全球首家拥有 210 万商人的电子商务网站，成为全球商人网络推广的首选网站，被商人们评为“最受欢迎的 B2B 网站”。杰出的成绩使阿里巴巴受到各界人士的关注。

——本案例来源于豆丁网

案例分析要点：B2B 市场。

案例分析：

第一，B2B 市场发展空间非常巨大，这给阿里巴巴带来的机会有：

①进一步凸显行业特性，向细分行业深入；

②继续完善诚信交易规则；

③从收费模式到评价模式继续创新；

④从信息提供向服务提供转变。

第二，进军个人电脑（PC）业[①]。2008 年 5 月，阿里巴巴与英特尔达成战略合作，共同发起主题为“助力中国”的电子商务推动计划。在此计划中，双方将发挥在各自领域的优势资源和技术，发动并联合产业链中如电脑厂商等合作伙伴的力量，全力推动中国数千万中小企业的电子商务进程。目前，中国 PC 厂商所服务的企业，PC 采购量通常都在 100 台以上，而目前大部分中小企业注册资本仅为百万元左右，PC 购置量不到 10 台，只能采购消费型 PC。中国中小企业数量庞大，因此，市场需求巨大。

第三，法律制度日趋完善。中国当时正加快制定电子商务方面的法律条款，积极创造安全、规范的商务环境，这使电子商务发展得更好。

① PC 业务指的是电脑营销，利用电脑互联网络这种新式交换媒介进行交互式行销的方式，它已经展现出其突破传统、彻底改革行销市场的潜力，即有关个人的计算机的业务。

三、课后案例引入

课后案例引入 1：福特汽车公司

福特汽车公司位于美国密歇根州的迪尔本市，拥有占地约 486 公顷的钢铁铸件厂、玻璃厂和约 177 千米长的专用铁轨。自从 1986 年老亨利・福特的第一号试验车试制成功，汽车就成了人们生活中取代马车的主要交通工具，汽车业也迅速发展起来。

当时的汽车制造者们一般都致力于高档汽车的设计生产，推出的都是价格昂贵的豪华车型，只有少数富人有能力购买，一般人根本不敢问津。作为汽车行业佼佼者的福特公司推出了 8 种以 A、B、C 等字母为标志的高档车型，指望这些豪华车能给公司带来更为火爆的行市，谁料事实正好相反，福特汽车的销量大幅度下降，利润仅为前一年的 1/3。幸好亚科卡的心血没有白费，“野马”上市第一天，就有 400 万人涌入福特销售店购买新车。一年内，销售量达到 418 812 辆，创下了惊人的纪录。

——本案例来源于夏清明的《市场营销学》

问题思考：

1. 本案例中的市场营销有什么特点？
2. 本案例中的市场营销运用了什么样的营销方式？
3. 本案例中的市场营销的优势和劣势是什么？

课后案例引入 2：OPPO（欧派）

OPPO 是一家全球注册，集研发、制造和营销于一体的大型高科技企业，产品远销香港、美国、俄罗斯、欧洲、东南亚等市场。赛诺市场研究公司的统计数据显示，在非智能机市场，入场三年的 OPPO 已晋升国产手机前三列。对于追求现代生活方式的年轻消费者，OPPO 可以提供比其他品牌更富创意的、更高品质的、可炫耀的时尚数字产品，因为 OPPO 始终把产品的精美、以人为本的设计作为追求。

致力于以想象力和创造力引领“时尚、自由”的生活理念，OPPO 争取成为在移动数字产品和服务领域，具有一定国际影响力和竞争力的时尚品牌。在 OPPO，市场调研是相当重要的一件事情，从外观、造型到产品颜色、精细度，OPPO 都有大样本的数据采集，并且所有元器件的选材都以国际厂商为标准。当然对于 OPPO 这样一个看重营销的公司来讲，广告片是另外一种产品。所有广告投放的栏目、位置、时间也是这位产品经理关注的大事。

——本案例来源于夏清明的《市场营销学》

问题思考：

1. 思考本案例中市场调研的优势和劣势。

2. 思考本案例中市场营销的优势和劣势。

3. 结合本案例谈一谈市场调研和市场营销共同起到了什么作用？

四、课后思考题

1. 是什么使 Eataly 如此受人欢迎？

2. 如何维护品牌的时代性？如何做到与时俱进？

3. 如何让消费者再次体验？

4. 星巴克是如何把自己的商品推销出去的？

5. 星巴克里的商品和外界的商品并没有区别，是什么原因使星巴克的商品比其他商品贵？

6. 福特百年不倒的原因是什么？

7. 阿里巴巴成功的原因是什么？

8. 时新商场经营成功的原因是什么？

9. 海尔在市场竞争中取胜的关键是什么？

第二章
营销环境分析

一、理论部分

企业市场营销环境：指影响企业营销活动和营销目标实现的各种力量、因素和条件的总和，且它们的存在、发展和变化不以企业意志为转移。

微观营销环境分析主要包括：企业内部因素、供应商、营销中介、竞争者、公众。

宏观营销环境分析因素：人口因素、经济因素、政治法律因素、社会文化因素、自然环境因素和科学技术因素。

营销环境分析方法：市场机会分析、市场威胁分析。

二、案例引入

案例引入 1：家乐福败走香港

案例背景资料：成立于 1959 年的家乐福集团是大卖场业态的首创者，曾是欧洲第一大零售商，世界第二大国际化零售连锁集团。现拥有 11 000 多家营运零售单位，业务范围遍及世界 30 个国家和地区。集团以三种主要经营业态引领市场：大型超市、超市以及折扣店。此外，家乐福还在一些国家发展了便利店和会员制量贩店。2004 年集团税后销售额增至 726.68 亿欧元，员工总数超过 43 万人。

案例：像家乐福这样一家如此庞大的零售商集团也曾遭遇到惨痛的失败。继 1997 年年底八佰伴及 1998 年中大丸百货公司在香港相继停业后，2000 年 9 月 18 日，世界第二大超市集团家乐福位于香港杏花村、荃湾、屯门及元朗的 4 所大型超市全部停业，撤离香港。家乐福在我国的台湾、深圳、北京、上海的大型连锁超市，生意均蒸蒸日上，为何独独兵败香港？

家乐福声明其停业原因，是由于香港市场竞争激烈，又难以在香港觅得合适的地方开办大型超级市场，短期内难以在市场争取到足够占有率。

——本案例来源于百度文库

案例分析要点：市场营销、营销环境。

案例分析：

从经济的角度来看，在家乐福进入香港的时期恰逢香港不幸遭遇亚洲金融风暴，香港经济大受打击，家乐福受到通货紧缩的影响一直没有盈利。从成本的角度来看，家乐福在香港没有物业，它不得不为数千平方米的经营面积背负庞大租金的包袱，而且在1996年其进军香港的时候正好遇上香港历史上租金最贵的时期，经营成本高昂，这对于以低价取胜的家乐福来说是一个巨大的压力。家乐福在台湾有20家分店，能够形成配送规模，但在香港只有4家分店，这直接导致配送的成本相对高昂。从竞争者的角度来看，香港超级市场原是英资财团与华资财团两强对峙的局面，家乐福携新的经营方式闯入，竞争更趋激烈。家乐福的经营理念很快为这两大本地财团各自所属的连锁超市——百佳和惠康所采用。百佳和惠康不断在大型私人屋苑和商场开设超级市场，将传统街市和超级市场的概念融为一体，招徕市民光顾甚得顾客欢迎。本地超市集团以割喉式手法超低价抢客极力扩大市场占有率，家乐福在无利可图的情况下必然走上停业之路。

案例引入2 星巴克猫爪杯

案例背景资料：星巴克（Starbucks）是美国一家连锁咖啡公司，由杰瑞·鲍德温（Jerry Baldwin）、佐夫·席格（Zev Siegel）和戈登·包克（Gordon Bowker）于1971年在美国西雅图联合创立。1987年，霍华德·舒尔茨筹资买下星巴克，并对星巴克进行了转型；1992年6月，星巴克在美国上市；1999年，星巴克收购泰舒茶品牌。

案例：杯子？

没错，就是星巴克春季这款萌萌的“猫爪杯”。

初看这款杯子没有什么特别之处，双层结构，透明玻璃设计，外以樱花点缀。可一旦倒入有色液体，瞬间就会出现一只肉嘟嘟的猫爪，让人爱不释手，引得无数小哥哥、小姐姐为这款杯子痴迷。

有人为买“猫爪杯”连夜排队，有人直接把帐篷搭到了星巴克门口，更有甚者，为了买杯子，在店内大打出手……

抢“猫爪杯”的，不仅有星巴克的忠实粉丝，还有网红、收藏党，甚至连微商、黄牛都纷纷加入进来。

在二手平台上，“猫爪杯”甚至被炒到了几百元到1千多元。星巴克官方紧急补货4 000个杯子在天猫旗舰店销售：2019年2月28日1 000只，刚刚发售，就被一抢而空，3月1日的3 000只，也很快就被抢空。

其实，星巴克每年樱花季都会有系列的单品出来，这次星巴克在饮品、食品、单品中都加入了一些樱花设计的小心思，除了猫爪杯，还有杯垫、茶壶、保温杯等一系列产品。

——本案例来源于百度文库

案例分析要点：饥饿营销、营销环境分析。

案例分析：

杯身设计凸显少女感，抓住目标消费者心理。猫爪造型、樱花粉对年轻女性充满吸引力。“吸猫”成为现代生活的一种潮流，尤其在年轻群体中，星巴克此款杯子在倒入有颜色的饮料后，栩栩如生的猫爪拉近了其与“吸猫”群众的距离。猫在年轻人眼里是一种比较温顺和有个性的宠物，能治愈人的情感的同时又彰显个性。随着中国社会的发展，一些年轻人越来越“宅”，越来越喜欢独处，这也加强了猫文化的传播。猫爪杯的销售公司采取了“饥饿营销”方式。物以稀为贵，机会越少，价值似乎就越高，要是不赶紧抢，以后就没有机会了。在“猫爪杯”正式发售前，公司利用抖音、小红书等 App 让大众知晓这个产品，从而达到一个很好的宣传效果。

案例引入 3：三只松鼠

案例背景资料：安徽三只松鼠电子商务有限公司 2012 年成立于安徽芜湖，是一个以互联网为依托，利用天猫、京东、当当等互联网对消费者（B2C）平台销售经营坚果、干货、茶叶等森林食品的公司。

案例：三只松鼠登陆天猫旗舰店仅 65 天，销售额就已经在天猫坚果类目跃居第一位；2012 年三只松鼠第一次参加“双 11”的活动，当天三只松鼠销量为 766 万元；2013 年“双 11”当天，三只松鼠销售量为 3 562 万元；2014 年“双 11”当天，三只松鼠销售额达 1.02 亿元，是天猫有史以来唯一的食品类当日销售额过亿的店铺，较 2012 年的销售额增加了 12.3 倍，2015 年“双 11”单日全网交易额达到 2.66 亿元，成为全网坚果销量第一。

——本案例来源于知乎

案例分析要点：线上销售、市场营销。

案例分析：

（1）外部因素。

第一，政府的政策导向是影响企业是否开展电子商务以及电子商务业绩好坏的重要原因。

第二，除了国家的支持，基础设施环境也是影响电子商务企业绩效的重要因素之一。

第三，互联网产业的发展是三只松鼠能够进行线上销售的基础。

（2）内部因素。

第一，对产品质量严格把控。三只松鼠首先选择优质的供应商，按照制定加工标准、口味等质量标准和要求进行加工，完成加工后还要接受半成品检验，工厂按照订单要求进行分装，并将成品置于恒温保鲜库里存放。

第二，对产品种类不断创新。三只松鼠创业初期的主打产品是碧根果，后根据顾客的需求又推出了其他产品。

第三，最大化降低产品成本。三只松鼠只做线上销售，不做线上和线下分销，这使得三只松鼠的价格在线下销售的实体经营店中更具有竞争力。

第四，三只松鼠自身也在不断吸引年轻有活力的专业电子商务人才加入。

案例引入 4：海尔营销（电器行业）

案例背景资料：创立于 1984 年的海尔集团，经过 19 年的持续发展，已成为享誉海内外的大型国际化企业集团。1984 年，海尔只生产单一的电冰箱，而目前它拥有包括白色家电、黑色家电、米色家电在内的 96 大门类 15 100 多个规格的产品群。海尔的产品出口到世界 160 多个国家和地区。

案例：2003 年，海尔全球营业额实现 806 亿元，蝉联中国最有价值品牌第一名。2004 年 4 月 30 日，世界五大品牌价值评估机构之一的世界品牌实验室编制的《世界最具影响力的 100 个品牌》报告揭晓，海尔排在第 95 位，是当时唯一入选的中国企业。2003 年 12 月，全球著名战略调查公司欧睿（Euromonitor）公布了 2002 年全球白色家电制造商排序，海尔以 3.79%的市场份额跃升至全球第二大白色家电品牌。2004 年八月号《财富》中文版评出“中国最受赞赏的公司”，海尔集团紧随国际商业机器（中国）投资有限公司（IBM 中国）之后，排在第二位。

冰箱、空调、洗衣机等产品属于白色家电，作为在白色家电领域最具核心竞争力的企业之一，海尔有许多令人感慨和感动的营销故事。

1996 年，四川成都的一位农民投诉海尔洗衣机排水管老是被堵，服务人员上门维修时发现，这位农民用洗衣机洗地瓜，泥土大，当然容易堵塞。服务人员不但没有推卸自己的责任，还帮顾客加粗了排水管，顾客感激之余，埋怨自己给海尔人添了麻烦，还说如果能有洗红薯的洗衣机，就不用烦劳海尔人了。农民兄弟的一句话，被海尔人记在了心上。海尔营销人员在调查四川省农民使用洗衣机的状况时发现，在盛产红薯的成都平原，每当红薯大丰收的时节，许多农民除了卖掉一部分新鲜红薯，还要将大量的红薯洗净后加工成薯条。但红薯上沾带的泥土洗起来费时费力，于是农民就动用了洗衣机。经过更深一步的调查，营销人员还发现，在四川农村有不少洗衣机用过一段时间后，电机转速就会减弱，电机壳体就会发烫。营销人员向农民一打听才知道，他们冬天用洗衣机洗红薯，夏天用它来洗衣服。这令张瑞敏萌生一个大胆的想法：发明一种能洗红薯的洗衣机。

1997 年海尔为该洗衣机立项，成立以工程师李崇正为组长的 4 人课题组，1998 年 4 月投入批量生产。该洗衣机的型号为 XPB40-DS，它不仅具有一般双筒洗衣机的全部功能，还可以洗水果甚至蛤蜊，价格仅为 848 元。首次生产了一万台投放农村，立即被一抢而空。

——本案例来源于学习啦

案例分析要点：营销策略。

案例分析：

顾客需求：坚持从顾客的角度出发来确定顾客的需求，将顾客需求作为营销的起点，进行全面深入的消费者市场调查，从顾客需求出发生产符合消费者需求的产品。

整合营销：公司的员工能站在为顾客利益服务的高度来考虑问题并付诸行动。将各种营销职能进行整合，营销部门能与公司其他部门很好地协调工作。

盈利能力：不以赚钱作为追求目标，而是努力满足顾客需求，“真诚到永远”正是这一营销理念的完美体现。最终靠赢得顾客满意和顾客忠诚来增强企业的盈利能力。

采用营销组合的4C模式①：生产销售顾客确实想要购买的产品。销售者站在消费者的角度，进行换位思考，制定营销组合策略。

案例引入5：耐克的成功

案例背景资料：20世纪70年代初，慢跑热在美国逐渐兴起，数百万人开始穿运动鞋。当时美国运动鞋市场上占统治地位的是由阿迪达斯、彪马和Tiger（虎牌）组成的铁三角，但它们并没有意识到运动鞋市场的这一趋势，耐克却紧盯这一市场，并选定以此为目标市场，专门生产适应这一大众化运动趋势的运动鞋。耐克为打进“铁三角”，迅速开发新式鞋，并为此花费巨资，开发出风格各异、价格不同和多用途的产品。

案例：到1979年，耐克通过策划新产品的上市和有效的推销手段，其市场占有率达到33%，终于打进了“铁三角”。然而，曾经推动耐克成功的青少年消费者在几年后纷纷放弃了运动鞋，他们开始寻找新颖的、少一点商业气息的产品。此时耐克似已陷入困境，销售额在下降，利润在下降，耐克大刀阔斧进行改革的时机已经到了。于是，耐克更新了“外观”技术，推出了一系列新款跑鞋、运动鞋和多种训练用鞋，其户外运动部门则把销售的重点对准了嬉皮士一代和新一代未知的顾客。在美国，市场已经饱和，只有不断推陈出新的公司才能得到发展。耐克利用其敏锐的眼光去观察选择市场，放手去搏，才能始终保持领先。一直到2019年4月18日，耐克股价首次触及90美元大关，达到历史新高。2020年12月18日，耐克发布第二财季财报，营收为112亿美元，净利润为13亿美元。

——本案例来源于知乎

案例分析要点：目标市场、市场营销。

---

① 4C理论是由美国营销专家劳特朋教授在1900年提出的，它以消费者需求为导向，重新设定了市场营销组合的四个基本要素：消费者（consumer）、成本（cost）、便利（convenience）和沟通（communication）。

案例分析：

耐克选择的目标市场：在 20 世纪 70 年代是喜欢慢跑的大众；后来将目标市场定位在追求新颖的青少年消费者身上。耐克在推出新产品前，首先分析市场，找出需求量大的目标市场，然后利用自身技术优势尽量做多样化的产品以满足不同顾客的需求，强劲的推销能力和良好的品牌形象是耐克的新产品获得成功的原因。

案例引入 6：康师傅的“用心”产品策略

案例背景资料：1992 年，在中国食品市场上，康师傅方便面一炮打响，迅速走红大江南北，“康师傅”成为中国妇孺皆知的品牌，但没有多少人知道顶新集团，其实康师傅正是顶新的一笔力作。

案例：康师傅从 1992 年到现在，已经过去了 20 多年，我们看到的是逐步壮大，无论是在顶新的网页还是在高层论点中，“用心”一词的使用频率都是非常高的，例如：用心经营、用心维系等。在推出新产品前，他们边做边学，为了把握市场，做了周密的市场调查，为了解内地消费者与台湾消费者的不同口味偏好，他们邀请了上万人试吃，并不断改进配方，最终推出了内地人喜欢的红烧牛肉面，新产品的成功也是与顶新集团的用心是分不开的，如，董事长把品尝方便面作为自己的“早课”，以便直接把握产品的品质。在推出新产品之前，先请目标消费者试吃，把竞争对手的产品与自己的产品分别标识为 A、B 两组，试吃者在不知道情况下，比较两种产品的优劣，顶新要求自己的产品比例达到顾客 70%以上的满意度才能上市。

顶新不但有好的产品还有好的销售渠道，甚至有人称康师傅可以“上山下乡”，在中国有人的地方就有康师傅。

——本案例来源于百度文库

案例分析要点：市场营销。

案例分析：

康师傅的产品成功在于以下四点：

第一，对产品的质量把关；第二，从顾客的角度出发去占领市场；第三，产品的目标定位是窄产品线的宽市场域；第四，企业领导人的现场管理。

顶新集团是说自己在产品策略上是“用心”的，其实最关键的一点就是如何使消费者都满意，这是顶新集团抓住顾客需求与顾客心理的关键，更是其在产品运营上走向成功的关键。

可见，顶新集团产品运营成功的主要原因就是对消费者的需求和心理进行调查。

案例引入 7：宝洁公司和一次性尿布

案例背景资料：1956 年，宝洁公司开发部主任维克·米尔斯在照看其出生不久的孙子时，深切感受到一篮脏尿布给家庭主妇带来的烦恼。洗尿布的责任带给了他灵感。于是，米尔斯就让手下几个最有才华的人研究开发一次性尿布，其实这个想法并不新鲜，当时美国市场上已经有好几种同类产品了。但市场调研显示，多年来这种尿布只占领了美国市场的1%，这主要有两方面原因：第一，价格太高；第二，父母们认为这种尿布在日常生活中并不好用，只适合在旅行或不便于正常换尿布时使用。这一调研结果让他们认为一次性尿布的市场潜力巨大。当时，美国和世界许多国家正处于战后婴儿出生的高峰期，用新生儿的数量乘以平均每日需换尿布的次数，可以得出一个大得惊人的数字，这也是一次性尿布的潜在销量。

案例：宝洁公司产品研发人员最初是在塑料裤衩里装上一块打了褶的吸水垫子，但1958年夏天的现场试验结果表明，除了父母们的否定意见和婴儿身上的痱子以外，一无所获。1959年3月，宝洁公司重新设计了一次性尿布，并在实验室生产了37 000个样品拿到纽约州去做现场试验。这一次，有三分之二的试用者认为该产品胜过布尿布。之后，就是降低成本和提高新产品质量，然而这比产品本身的开发难度更大。直到1961年12月，这个项目进入了能通过验收的生产工序和产品试销阶段。公司选择了地处美国中部的城市皮奥里亚试销这个后来被定名为“娇娃”（Panpers）的产品。试销期间他们发现，皮奥里亚的妈妈们喜欢用“娇娃”，但不喜欢10美分一片尿布的价格，公司后又在6个地方进行的试销进一步表明，定价为6美分一片，可以使这类新产品畅销。经过不断地调整，宝洁公司把生产能力提高到使公司能以该价格在全国销售娇娃尿布的水平，之后，娇娃尿布终于成功推出，直至今天仍然是宝洁公司的拳头产品之一。

——本案例来源于豆丁网

案例分析要点：市场调查、市场环境分析。

案例分析：

宝洁公司开发一次性尿布的决策充分证明企业进行产品开发和市场营销活动必须真正建立在理解和把握市场需求的基础上，而对市场需求的把握和确认则必须以科学且充分的市场调研为基础。一次性尿布虽然不是宝洁公司最先开发的产品，该公司却通过详尽的市场调研认识到了该产品巨大的市场潜力和其他品牌的产品不能畅销的根本原因。于是根据调研了解到的有关资讯对该产品进行重新设计，使之符合市场要求，并设法降低成本和销售价格使之符合消费者的支付能力和期望价格，从而使一次性尿布终于成为具有方便、卫生和经济等诸多优点且满足市场消费需求特征的畅销产品。宝洁公司开发一次性尿布的过程，始终是一个深入了解消费需求、适应消费需求的过程，这向我们充分展示了现代市场营销“在适当的时间和地点、以适当的价格把适当的产品提供给适当消费者”的本质，也充分体现了现代市场营销是以消费需求为中心，在满足消费需求的基础上讲求企业长期合理利润的基本精神。

三、课后案例引入

课后案例引入：奥迪品牌“去官化”与联想品牌“国际化”

互联网时代改变了组织和社会的结构与形态，也令商业社会进入了前所未有的动荡期，很多在人们心中永远不会倒下的品牌巨头，如柯达、诺基亚、索尼等，在面对新技术时因反应迟缓、错失时机而轰然倒塌，曾在传统行业风光无限的品牌如何在互联网时代应对自如？传统行业品牌如何在互联网时代重获新生？或许需要的不仅是策略的调整，还有思维方式的变革。

一、奥迪：讨好年轻用户，带动品牌减龄

作为最早进入中国市场的高端车之一的奥迪，最早的营销策略是“有计划”地进入领导人乘坐的专供车市场。据统计，奥迪 A6 当时在高端公务用车领域一度占比超过八成，久而久之便在人们心中形成了“官车”的品牌形象。

当汽车进入平民化的消费市场后，其受众不再是讲究官派的企业和个人消费者，即便有能力购买此类车的高级白领，通常也不会考虑购买奥迪。奥迪在政府采购公务用车方面的胜利带来的是个体消费市场的裹足不前。

虽然就市场销量来看，奥迪仍牢牢占据中国豪华车市场的霸主地位，但随着政府对公务用车的限车令出台，公务车采购逐渐向自主品牌倾斜，面对市场不断分化、稀释，竞争对手步步紧逼，奥迪感受到了前所未有的威胁。随着汽车消费群体的日益年轻化，以“80 后”为代表的消费人群逐渐成长为车市中不可忽视的力量，如何取悦并赢得新用户成为奥迪最为重要的议题。

从奥迪当时的种种动作来看，奥迪高层早已对这一问题做出思考并付出行动。从线下产品的设计与研发到品牌传播的策略与执行，核心受众已从成熟稳重的商务精英转变为追求时尚的新贵一族，“愉悦用户”成为品牌用户形象锐化的战略出发点。以往的奥迪广告中多半是为消费者描绘出“高大上”的生活形态，强调“突破科技，启迪未来”的核心价值主张。而现在奥迪在事件营销和互联网媒体平台上投入更多。奥迪斥巨资打造了专属于奥迪用户的“世界好声音”演唱会，汇集五国好声音舞台上的明星导师及人气学员进行全球首次跨台同台演唱，并在互联网媒体上传播推广，将尊贵与时尚需求完美结合，这极大地愉悦了奥迪的年轻用户。奥迪通过满足年轻群体的情感需求，进而完成目标受众的顺利转化，全方位地锐化了其年轻时尚的品牌形象，借此改变市场上对“官车”缺乏个性时尚、固执、保守的传统认知，奥迪也走出了一条成功的品牌重生之路。

如果目标受众与产品主流消费人群相偏离，造成目标受众和品牌价值背道而驰，很可能会给品牌形象和市场销量造成沉重打击。提前预测和把握未来数年后中国主流汽车消费人群的变化，才是保持品牌经久不衰的奥秘所在。

二、联想：四两拨千斤，与大象共舞的秘密

2013 年的最后一天，联想爆出了以 29 亿美元从谷歌手中收购摩托罗拉智能手机的重大新闻，收购内容涵盖 3 500 名员工、2 000 项专利以及全球 50 多家运营商的合作关系，当然也包括摩托罗拉移动品牌和商标组合。这一举动顿时激起千层浪，不少人认为，此举令联想收益最大的并非摩托罗拉的技术，而是品牌。

虽然无法与巅峰时期相比，但摩托罗拉移动依然是美国第三大安卓（Android）智能手机厂商和拉丁美洲第三大智能手机厂商，在高端手机市场上占有一席之地。虽然在这次并购中联想没有拿到核心专利，但是享誉世界的摩托罗拉移动的品牌，以及 Moto X、Moto G 和 DROIDTM 超级系列产品的商标组合资产，仍能有效协助联想大幅提升在高端智能手机市场的占有率，更为其打入北美和欧洲的高端产品市场，实现全球化发展奠定了良好的品牌基础。可以说，这次并购案中摩托罗拉智能手机的两块最大价值被瓜分：谷歌留下了专利，而联想获得了品牌。

如同 2004 年联想并购 IBM Thinkpad 引发的轰动一样，不少人开始预测联想将如何玩转摩托罗拉移动品牌。从品牌运营上讲，并购后的品牌运行模式主要有小品牌淡化模式、大品牌背书模式、双品牌联合模式和新品牌模式。联想并购 IBM Thinkpad 后，采用了品牌联合的模式，希望借助 Thinkpad 的品牌资产建立 Lenovo 品牌在国际市场上的声誉，但过度相信 Thinkpad 易主后的品牌影响力而强攻美国市场，导致销量大幅下滑，这就好像一辆还没有经过磨合期的新车就被司机一脚把油门踩到底。最终复出的董事会主席柳传志决定悬崖勒马，将重心重新转移到中国市场，稳扎稳打做实市场。十年后联想终于站在全球 PC 销量第一的位置，成功地度过了品牌融合期。

实现两个不同品牌的融合是一个漫长而具有挑战性的过程。在 IBM 的历史上，Think 不仅代表着一个产品系列（Thinkpad、ThinkCentre），更代表着一种独特的价值观，包括用户至上、极富创新、充满竞争、生气勃勃等，将这些鲜明的个性融入联想的文化之中，并且做到毫无违和感，是一件难度不小的事情。但是联想最终实现了 Think 和 Lenovo 的融合，就像“Thinkpad 之父”内藤在正所说的一样：“我觉得联想的加入使 Thinkpad 更像 Thinkpad。”

——本案例来源于夏清明的《市场营销学》

问题思考：

1. 该案例中体现了市场营销与市场环境分析的哪些理论？
2. 市场营销和市场环境分析的优势和劣势、特点分别是什么？

四、课后思考题

1. 什么是市场营销调研？

2. 市场营销调研的种类有哪些？

3. 市场营销调研的特征有哪些？

4. 市场营销调研的作用是什么？

5. 分析营销环境有什么重要意义？应如何进行分析？

6. 影响消费者支出模式的因素有哪些？它们是怎样影响消费者支出的？

7. 企业的微观环境有哪些影响因素？宏观环境有哪些影响因素？

8. 新技术对市场营销有什么重要影响？

9. 面对市场营销环境分析所提供的机会和威胁，企业可以采取哪些有针对性的策略？

第三章
营销调研与市场预测

一、理论部分

市场调研：企业在发展的过程中要做出一个重大的决策时，首先要做的就是对市场进行调研。市场营销调研是一个有组织、有计划的活动。

市场预测：企业通过在市场上进行一定的调查之后，根据调查的数据，针对企业的实际需要和相关的现实环境因素等对企业和市场未来发展变化的趋势做出适当的分析与判断。

市场预测程序：确定市场预测目标、拟订市场预测方案、收集和整理市场预测所需要的各种资料、选择适当的预测模型，要根据市场预测模型确定其预测值、修正预测值、撰写预测报告。

二、案例引入

案例引入 1：拼多多

案例背景资料：拼多多是上海寻梦信息技术有限公司于 2015 年 9 月上线的一家专注于 C2B 拼团的第三方社交电商平台。用户通过发起和朋友、家人、邻居等的拼团，以更低的价格，购买优质的商品。其中，通过沟通分享形成的社交理念，形成了拼多多独特的新社交电商思维。拼多多平台的商品已覆盖快消、3C、家电、生鲜、家居家装等多个品类，并以持续增长的速度，满足消费者日益多元化的需求。2018 年 7 月，拼多多在美国纳斯达克证券交易所正式挂牌上市。2020 年 12 月 31 日，拼多多市值超越美团市值，仅次于腾讯、阿里，成为中国第三大互联网公司。

案例：2021 年 5 月 26 日，拼多多发布 2021 年第一季度财报。财报显示，拼多多一季度实现营收 221.67 亿元，较去年同期的 65.41 亿元，同比增长 239%，高于市场预期的 204 亿元。非通用会计准则下，平台一季度归属于普通股股东的净亏损为人民币 18.903 亿元，对比去年同期净亏损为人民币 31.696 亿元，净亏损大幅收窄。

实现营收增长的背后是拼多多的日活跃用户规模扩大和订单数量的增长。拼多多的财报披露财报显示，拼多多年度活跃买家数达到 8.238 亿，较上一年同期净增 1.957 亿，连续第二个季度领先于国内其他电商平台。

2015 年是电商最为活跃的一年，O2O、“互联网+”、垂直细分、跨境电商，在各种眼花缭乱的模式里，农村电商也在悄悄地崛起。2015 年 7 月，国家下发相关政策文件，全国范围遴选 200 个示范县，每个县获得中央财政 1 000 万资金支持，主要定向用于建设完善县、乡、村级物流体系，县域电子商务公共服务中心和村级电子商务服务站的建设改造，以及品牌和质量保障体系建设和电商培训等。拼多多当时也是瞄准这一市场，抓住机会，一步步稳扎稳打，才从众多电商中脱颖而出的。

——本案例来源于百度文库

案例分析要点：电商经济。

案例分析：

一、市场基本环境调查

1. 政治法律环境调查

国家开始重视电商模式在农村地区的运用，并注入了大量资金完善乡村物流体系，农村地区电商发展潜力巨大。

2. 经济环境调查

（1）一、二、三线城市电商经济发展趋于饱和，阿里集团电商平台交易额占比较大。

（2）农村地区的居民购买力不高，因此当时没有引起除拼多多以外的电商平台的重视。

3. 文化环境调查

农村地区居民的平均文化水平相对低于一、二、三线城市的居民，当时网购平台的产品宣传难以渗透。

二、内部优势

1. 市场定位

拼多多侧重的是下沉市场①，其他电商平台当时对下沉市场不够重视，因此竞争较小。

2. 销售策略

拼多多的产品宣传是以“砍价”的形式展开的，能在居民的关系圈内快速传播，非常贴合农村地区的居民购物习惯。

① 下沉市场就是包括三、四、五线城市及农村乡镇在内的用户群体，即消费水平相对偏高的“非主流”用户。

3. 品牌策略

为了提高平台的知名度，拼多多率先推出“百亿补贴”活动，极大提高了平台成交额，并且产生了积极的平台品牌效应。

案例引入 2：海底捞

案例背景资料：海底捞成立于 1994 年，是一家以经营川味火锅为主、融汇各地火锅特色为一体的大型跨省直营餐饮品牌火锅店。它的全称是四川海底捞餐饮股份有限公司，总部在四川简阳，目前在北京、上海、郑州、西安、南京、天津、杭州，简阳等城市开有连锁门店。

该品牌自创立以来，始终奉行“服务至上，顾客至上”的理念，以贴心、周到、优质的服务，赢得了纷至沓来的顾客和社会的广泛赞誉。

案例：

一、企业文化

公司在董事长张勇确立的服务差异化战略指导下，始终秉承“服务至上、顾客至上”的理念，以创新为核心，改变传统的标准化、单一化的服务，提倡个性化的特色服务，将“用心服务”作为基本经营理念，致力于为顾客提供“贴心、温心、舒心”的服务。

在管理上，海底捞倡导双手改变命运的价值观，实施人性化和亲情化的管理模式。在“四型八态”文化定位中，定位于情感型文化。其主要措施有：

（1）选拔培育有感恩之心的人。

（2）对员工自主性的激发。

（3）追求顾客和员工的满意度，而不是利润。

（4）弱化冷硬的制度流程，强化内部沟通和创新。

二、发展状况

海底捞品牌创建于 1994 年，历经二十多年的发展，海底捞国际控股有限公司已经成长为国际知名的餐饮企业。

截至 2020 年 6 月 30 日，海底捞在全球开设 935 家直营餐厅，其中 868 家位于中国大陆的 164 个城市，67 家位于中国香港、中国澳门、中国台湾及海外，包括新加坡、韩国、日本、美国、加拿大、英国、越南、马来西亚、印度尼西亚及澳大利亚等地。有 4 个大型现代化物流配送基地和一个原料生产基地，拥有员工近 2 万人。

“好吃的火锅会说话”。作为一个餐饮品牌，好的产品本身就是最好且最有说服力的广告。以下是关于产品、定价、分销、促销和服务等的营销策略分析。

1. 产品策略

“可以喝的锅底”是海底捞的一大亮点。海底捞为消费者提供数种味道鲜美的创新锅底，它们不仅努力维持现有产品的口味，还一直致力于开发新产品，以此吸引消费者不断前往消费，同时促进其他产品的销售，以此赢得竞争优势，促进企业发展。

2. 定价策略

海底捞的消费价格在火锅行业中属于中高层次，它采取地理定价策略，在一线城市和二线城市分别采取不同的菜单价格，以适应不同市场的消费水平，赢得竞争优势，利用价格歧视实现利益最大化。

3. 分销策略

海底捞从 1994 年开设首家门店至今，只走所有权式垂直分销渠道结构的直营店，不接受加盟店的申请，从而提高品牌的附加值，并通过统一营销策略、降低经营成本、完成低成本扩张等方式来保证海底捞的优质服务招牌不被破坏。

4. 促销和服务策略

优质的服务会产生消费者凝聚力。

海底捞的每家门店都设有摆放着舒适座椅的等位区。用餐前，服务员会为顾客提供围裙、会为顾客的手机套上手机袋等服务。这种的优质服务在当今参差不齐的餐饮行业已经非常少见，消费者自然会对海底捞赞不绝口。

5. 网络营销策略

近年来，海底捞不断顺应时代潮流，在互联网上推出“Hi 捞送”外卖服务、天猫商城海底捞官方旗舰店、新浪微博海底捞官方微博等网上业务。

网络营销策略的运用，不仅快速树立了海底捞年轻、时尚的品牌形象，还提升了海底捞关心消费者群体的企业形象，使海底捞获得众多各类消费者的青睐。

——本案例来源于道客巴巴

案例分析要点：SWOT 分析法。

案例分析：

采用 SWOT 对其进行分析。

优势分析（S）：①品牌荣誉：凭借高标准的质量和优质的服务获得多项荣誉称号，在多个省市颇有名气，在多个城市获先进集体、优秀企业等称号；②经营规模：至今在全球有 935 家直营分店，有四个大型分配中心和一个大型原料生产基地，形成规模化经营，规模经济明显；③先进管理方式：建立特色员工管理体系，即员工“快乐工作，微笑服务”，吸引了大量优秀人才；④服务和产品的创新：对食材精挑细选，自创鸳鸯锅和三鲜锅，还推出特色小吃；⑤渠道优势：稳定的行业协作关系已经建立；⑥背景优势：经济发展迅速，人均收入高，消费需求大。

劣势分析（W）：①经营单一化：只提供火锅服务限制了其发展；②连锁经营方式有弊端：其“师父带徒弟”的形式成效慢、效率低，不利于大规模经营；③价格劣势：与同行业平均水平相比，海底捞价格相对较高；④平均门店面积小：相对同行业门店小，对客户来说等待时间变长，从而丧失一部分客户流。

机会分析（O）：①中国经济高速发展，人民生活富裕，消费水平高，消费观念改变；②政府国家大力支持；③竞争加剧，迫使自己不断改进提高去占领市场份额；④中国人口多，餐饮行业饱和度远远不够，市场机会多；⑤火锅是中国特色传统饮食，有着悠久历史，具有文化特质；⑥季节变化，无论什么季节都可食用，特别适合冬季。

威胁分析（T）：①食品安全与质量监管体系越来越严，成为国民关注的焦点；②同行业的竞争与模仿，其他行业也开始注重服务建设；③政府地方保护依然存在，可能限制其发展；④居民饮食习惯与方式的改变，生活节奏加快，对快餐需求增大，但也有注重健康的，对绿色产品需求增大。

发展建议：①管理制度化、标准化；②国外市场的扩展；③加快人才培养的速度；④加强宣传力度，提高市场占有率；⑤控制规模，不要盲目寻求扩张；⑥突出服务个性，挖掘产品特色。

战略对策：①继续扩大经营规模，占领更大的消费市场；②继续以优质的服务占据火锅行业龙头位置；③将海底捞连锁店开到全国各主要城市；④扩大平均店面面积，争取给更多的顾客提供服务；⑤开展新的培训方式，培养优秀的经营人员，增加店面，占据更大市场；⑥保持企业服务文化的创新性，严格把控食品质量，提供优质服务，增加同行业模仿的难度；⑦进行产品创新，可以尝试快餐式火锅；⑧可以根据不同的消费群体做出不同的营销对策以及不同的服务模式；⑨对海底捞锅底、调味料可依据不同地域做出改变，不应该采用完全统一的标准。总之，在面对市场上出现的机遇和威胁时，海底捞应该把握自己核心企业文化的方向，巩固其在消费者心目中的地位，保持核心竞争力，坚持自己的特色，才能在企业文化方面走在其他餐饮企业的前面。

三、课后案例引入

课后案例引入：日本泡泡糖

日本泡泡糖市场年销售额约为740亿日元，其中大部分被“劳特”所垄断。可谓江山唯“劳特”独坐，其他企业再想挤进泡泡糖市场十分困难。但江崎糖业公司对此并不畏惧。公司成立了市场开发班子，专门研究霸主“劳特”产品的不足和短板，寻找市场的缝隙。经过周密的调查分析，江崎糖业公司终于发现“劳特”的四点不足：第一，以成年人为对象的泡泡糖市场正在扩大，而“劳特”却仍旧把重点放在儿童泡泡糖市场上；第二，“劳特”的产品主要是果味性泡泡糖，而现在消费者的需求正在多样化；第三，“劳特”多年来一直生产单调的条板泡泡糖，缺乏新型式样；第四，“劳特”产品的价格是110日元，顾客购买时需多掏10日元的硬币，经常会感到不便。通过分析，江崎糖业公司决定以成人泡泡糖市场为目标市场，并制定了相应的市场营销策略，不久便推出了功能性泡泡糖四大产品：司机用泡泡糖，使用了高浓度薄荷和天然牛黄，以强烈的刺激消除司机的困倦；交际用泡泡糖，可清洁口腔，祛除口臭；体育用泡泡糖，内含多种维生素，有益于消除疲劳；轻松型泡泡糖，通过添加叶绿素，可以改变人的不良情绪。此外，它们还精心设计了产品的包装和造型，将价格定为50日元和100日元两种，避免了找零钱的麻烦。功能性泡泡糖问世后，像飓风一样席卷全日本。江崎公司不仅挤进了由“劳特”独霸的泡泡糖市场，而且占领了一定市场份额，占有率从零猛升到25%，当年销售额为175亿日元。

——本案例来源于夏清明的《市场营销学》

问题思考：

1. 你认为江崎公司成功的经验是什么？
2. 江崎公司利用了哪些市场营销的战略？
3. 江崎公司之后会进行怎么样的市场战略规划？

四、课后思考题

1. 什么是市场营销调研？
2. 市场营销调研的种类有哪些？
3. 市场营销调研的特征有哪些？
4. 市场营销调研的作用是什么？

第四章
消费者市场行为分析

一、理论部分

消费者市场的特点：多样性、多变性、发展性、可诱导性、分散性。

消费者购买行为模式：消费者行为是消费者选择、购买和使用产品来满足自身需求的行为。

消费者动机：是引导人们做出行为的推动力。

消费者购买动机类型：生理性动机、心理性动机、社会性动机。

购买动机的心理表现：求新心理、求美心理、求荣心理、求实心理、求廉心理、求便心理、求癖心理、从众心理。

影响消费者购买行为的主要因素：个人因素、社会因素、文化因素和心理因素。

消费者购买行为类型：复杂型、减少失调型、多变型、习惯型。

消费者购买行为的变化趋势：流行化消费、商品大众化、消费者品牌化、消费者倾向于感性消费、消费网络化。

消费者参与购买决策的角色：发起者、影响者、决定者、购买者、使用者。

消费者购买决策过程：确认需要、搜集信息、评估比较、购买决策、购后行为。

二、案例引入

案例引入1：深圳满意度

案例背景资料：随着时代的发展，个性化、时尚一族已逐渐成为红酒消费人群。其受欧美文化的影响，认为品味红酒是一种时尚的生活方式。

案例：红酒一般指葡萄酒，依据其颜色主要分为红、白及粉红葡萄酒三种。随着国民经济的发展，人们的收入及消费心理都发生了变化，红酒成为生活的重要组成部分，红酒的消费呈不断提升的趋势。红酒主要产自欧洲，红酒的产量也逐年增加。统计资料显示，国外的红酒正积极的开拓中国市场，然而国内的红酒品牌也很多，因此，我们应对消费能力不同的消费者购买的红酒进行分析，并对消费者购买红酒的行为是否科学进行研究。

红酒在其功能上有一定的保健功效，它具有改善肌肉的张度、增加食欲、养颜护肤、软化血管、防治血栓等功效。统计数据表明，饮用葡萄酒最多的法国、意大利等国家的人，他们的心脏病的发病率最低。随着国内经济的发展，国外葡萄酒积极的开拓中国红酒市场。2002 年前，葡萄酒尚未出现大众化消费模式，红酒销售只在小范围内进行，其购买群体也仅限品酒人群。随着时间的推移，人们对红酒的认识逐步增加，到了 2008 年国内不仅涌现长城等红酒品牌，而且销售市场良好。目前，各个价位的红酒已充满了整个国内市场，也有越来越多的资本及企业参与到红酒市场中。

——本案例来源于道客巴巴

案例分析要点：消费者行为的环境因素。

案例分析：

社会环境影响了消费者购买红酒的行为。随着时代的发展，各种思想相互碰撞、融合，各种文化也在相互影响。随着国民消费能力的提升，以及食品安全意识的提高，健康的饮食概念必然成为以后酒领域的趋势。红酒这种健康的酒精饮料受到国际相关政策的扶持，随着国内红酒与国际的接轨，越来越多的消费者喜欢喝红酒。

文化因素是影响消费者购买红酒的最重要的影响因素，这主要是因为文化决定了人们的欲望以及行为。文化是人们在生活实践中树立的价值、道德观念的总括。不同的文化背景，使人们对红酒的需要及选购也不一样。通常，文化水平越高的人，对商品的品质要求也越高。当然，每个文化群体都有其小范围的亚文化概念。其成员在价值观、生活情趣以及行为等方面会有很多相同之处。这些群体具有的独特信仰和生活态度也是消费者选购不同红酒的原因。红酒已成为一种具有文化内涵的酒精饮品，消费者在使用时不只是品尝红酒，更是生活状态及品质的象征。

消费者个人因素的影响。消费者在选购红酒的过程中都是依据其经济能力为基础以进行选购的。人们的经济收入对其消费能力及范围有着重要的制约作用，同时也对其消费的层次及购买力有决定作用。通常，中高端人群会选择较高层次的红酒，像进口红酒以及国产的高端等是其首选。而经济能力一般的人群，首先考虑其自身的温饱问题，对红酒的消费相对较少。消费群体的年龄也会对其购买产生影响。在实际生活中，各年龄段的人群对红酒的欲望及购买红酒习惯上也存在很大的区别。

案例引入 2：中国生鲜网购消费

案例背景资料：冷链是影响生鲜电商发展的重要因素，中国客户（C）端冷链物流起步较晚，当时覆盖区域主要集中在一、二线城市，由此生鲜网购用户也主要以一、二线城市用户为主。

案例： 调研数据显示，在中国生鲜网购用户中，一线城市用户占比 41.4%，二线城市用户占比 40.4%；在省市分布中，北京市、上海市、广州市、深圳市为生鲜网购用户数量最多的地区。此外，京东利用物流优势，不断开拓一、二线城市以外的市场，其运营数据显示，从 2017 年 1—11 月京东生鲜的销量同比增幅来看，三线城市增长最快，同比增幅接近 400%。

受教育程度高的年轻用户为主力人群，我国生鲜网购用户的年龄段集中在 26~35 岁（占比为 57.6%），其中，大学本科学历的生鲜网购用户占比超过一半，为 66.4%，硕士博士占比 9.6%，大学专科 18.8%，生鲜网购用户普遍学历较高。京东生鲜用户同样以 26~35 岁的为主，占比达 45.0%。此外，调研数据显示，中产阶级家庭用户为线上生鲜消费主力。从收入状况来看，个人月收入在 5 001~8 000 元的用户占比为 30.5%，个人月收入在 8 000 元以上的用户占比最多，达 43.6%。从婚姻状态来看，68.8%的生鲜网购用户来自已婚有子女的人群，10.3%来自已婚无子女人群，由此可见，中产阶级家庭用户已成为线上生鲜食品消费的主力。在用户网购生鲜常用的渠道分析中，综合电商平台为用户网购生鲜最常用的渠道，有超过八成的生鲜网购用户经常在综合电商平台生鲜频道购买生鲜食品。外卖平台、整合线下超市的平台、创新模式三个渠道用户相对较少，但消费频次更高，每周在创新模式消费至少 1 次的用户在创新模式整体用户的占比高达 68.1%。调研数据显示，用户网购生鲜食品的频次与家庭收入正相关。随着家庭月收入的增高，用户网购生鲜食品的频次也在不断升高。家庭月收入超过 3 万元的用户中，每周网购生鲜食品的频次为 4 次或以上的占比高达 36.8%。调研数据还显示，海鲜水产和冷冻食品是京东生鲜的优势品类，但在生鲜网购用户的消费行为中，水果是最受欢迎的品类，32.0%的生鲜网购用户最经常购买的生鲜是水果。牛奶乳品和蔬菜分别为第二和第三受欢迎的品类。从消费金额来看，生鲜网购用户网购生鲜食品的金额大多在 51~200 元，其中 39.5%的用户平均每笔订单的金额在 101~200 元；30.0%的用户平均每笔订单的金额在 51~100 元。

——本案例来源于道客巴巴

案例分析要点： 消费者社会角色。

案例分析：

从本案例可以看出消费者受教育程度的高低会影响生鲜食品的销售，且网购生鲜食品的频次与家庭收入正相关，随着家庭月收入的增高，用户网购生鲜食品的频次也在不断升高。

案例引入 3：狗不理包子

案例背景资料： 狗不理包子是一道由面粉、猪肉等材料制作而成的小吃，始创于公元 1858 年（清朝咸丰年间），为“天津三绝”① 之首，是中华老字号之一。狗

① 天津三绝：天津三绝又称天津风味食品三绝，是指天津“狗不理包子”“十八街麻花”“耳朵眼炸糕”三种传统美食。

不理包子的面、馅选料精细，制作工艺严格，外形美观，特别是包子褶花匀称，每个包子都不少于 15 个褶。刚出笼的包子，鲜而不腻，清香适口。狗不理包子以鲜肉包为主，兼有三鲜包、海鲜包、酱肉包、素包子等 6 大类、98 个品种。2011 年 11 月，国务院公布了第三批国家级非物质文化遗产名录，“狗不理包子传统手工制作技艺”项目被列入其中，是世界闻名的中华美食之一。

案例：杭州狗不理包子店是天津狗不理集团在杭州开设的分店，地处商业黄金地段。正宗的狗不理包子以其鲜明的特色（薄皮、水馅、滋味鲜美、咬一口汁水横流）而享誉神州。但正当杭州南方大酒店创下日销包子万余只的纪录时，杭州的狗不理包子店却将楼下三分之一的营业面积租让给服装企业，依然“门前冷落车马稀”。当“狗不理”一再强调其鲜明的产品特色时，它却忽视了消费者是否接受这一“特色”，所以它受挫于杭州也是必然的了。首先，“狗不理”包子的馅比较油腻，不合喜爱清淡食物的杭州市民的口味。其次，“狗不理”包子不符合杭州人的生活习惯。杭州市民将包子作为便捷快餐对待，往往边走边吃。而“狗不理”包子由于薄皮、水馅、容易流汁，不能拿在手里吃，只有坐下用筷子慢慢享用。最后，“狗不理”包子的馅多半是蒜一类的辛辣刺激物，这与杭州这个南方城市的传统口味也相悖。

——本案例来源于道客巴巴

案例分析要点：亚文化。

案例分析：

“狗不理”包子在杭州“失宠”，并非因其自身品质不优、品牌不名，而是从整个营销过程开始就没有注意到杭州消费者的生活方式和颇具个性的“口味”。多种文化共同的冲击我们的生活，这使得我们的生活更加的有趣和丰富，同时，这不仅是推经济的发展动力，而且是推动文化创新的一种方式。经济和文化发展一样都不能落下！

案例引入 4：北京西乐的成功

案例背景资料：北京西乐日用化工厂是北京市海淀区四季青乡化轻公司所属的一个乡办化妆品化工企业。它的前身是一个修补轮胎的手工作坊。

案例：1984 年，该厂预测出社会对日用化妆品需求不断增长的趋势，正式转产护肤霜。后来，该厂坚持依靠科技，不断开发适销对路的新护肤品，继 1984 年投产当年市值达 20 万元，销售额连年翻番，到 1990 年已突破 900 万元。这是只有 200 多名职工的乡办企业，当时已开发出 6 个系列的 42 个品种的产品，每年为国家创利税上百万元，产品不仅在激烈的市场竞争中占有一席之地，而且在我国北部地区十分抢手。北京西乐日用品化工厂之所以取得如此好的成绩，其中一个极为重要的原因就是该厂抓住了消费者对日用化妆品的消费心理展开了心理营销。

——本案例来源于道客巴巴

案例分析要点：消费者心理。

案例分析：

消费者心理是指消费者发生的一切心理活动，以及由此推动的行为动作，包括消费者观察商品、搜集商品信息、选择商品品牌、决策购买、使用商品形成心理感受和心理体验、向生产经营单位提供信息反馈等。在销售过程中，商家应努力做到抓住顾客的求新求美心理、求实心理、求名心理。

案例引入5：大宝护肤品

案例背景资料：北京大宝化妆品有限公司是外国法人独资企业，成立于1999年，是北京市三露厂（国家二级企业，北京市先进福利企业）成功进行股份制改造的结果。北京大宝化妆品有限公司位于北京经济技术开发区荣华中路12号，占地面积为25 070平方米，建筑面积为44 871平方米。“大宝”系列化妆品诞生至今，适应了不同时期、不同层次的消费需求，已陆续形成护肤、洗发、美容修饰、香水、特殊用途共五大类100多个品种。

案例：大宝是北京三露厂生产的护肤品，在国内化妆品市场竞争激烈的情况下，大宝不仅没有被击垮，而且逐渐发展成为国产名牌。在日益增长的国内化妆品市场上，大宝明确了消费群体，将普通工薪阶层作为销售对象。从价格和渠道上来看，市场上与大宝一样定位于蓝领消费者的品牌还有很多，但我们从产品的广告诉求上，并没有看到像大宝这样将诉求对象明确确定为蓝领消费者的企业。王怀宇说，“大宝”品牌传播确定的目标受众是有一定的文化修养，但又属大众消费阶层的各类职业工作者，这些人对品牌的认知能力强，常常会产生品牌偏好，同时对价格又非常敏感，愿意购买质、价相称的产品。在传播诉求上，大宝强调的是：好产品，满足大众消费需求。在传播方式上，大宝走的路子也与其品牌定位保持一致。它的电视广告走的是亲和路线，所有出现的人物都没有西装革履、香车宝马，而是明显的蓝领消费者特征。这与它的竞争对手形成鲜明的对比，一些虽然在价格和渠道上一样是针对蓝领消费者，但在广告诉求上，给消费者的感觉是针对白领阶层，形象代言人即便不是大牌明星，也是一身白领打扮。既然是面向工薪阶层，销售的产品就一定要与他们的消费习惯相吻合。一般来说，工薪阶层的收入不高，很少选择价格较高的化妆品，而他们对产品的质量也很看重，并喜欢固定使用一种品牌的产品。因此，大宝在注重质量的同时，坚持按普通工薪阶层能接受的价格定价，其主要产品“大宝SOD蜜”的市场零售价不超过15元，日霜和晚霜的零售价也不超过是20元。价格与市场上的同类化妆品相比有很大的优势，而且其本身的质量也不错，再加上人们对国内品牌的信任，大宝很快赢得了顾客。许多顾客不但自己使用，也带动家庭其他成员使用大宝的产品。大宝还了解到，使用大宝护肤品的消费者年龄在40岁以上者居多，这一类消费者群体性格成熟，接受一种产品后一般很少更换。这种群体向别人推荐时，又具有可信度，而化妆品的口碑好坏对销售起着重要作用，大宝正是靠着走群众路线获得了市场。

大宝另一个成功之处是开发了一块被别人忽视了的市场——男性市场。调查显示，目前大宝的消费者中，有将近一半是男性消费者。林翰说，事实上，男性的皮肤与女性的皮肤并不一样，一种护肤品不可能同时适合于两类性别的消费者。但我们看到的情况是，大宝这些并没有独到之处的产品在市场上横冲直撞、一路凯歌。同样是竞争激烈的彩电市场，任何产品概念上的漏洞都会被竞争对手攻击。而在化妆品行业中，也有经历过无数营销大战的国际大品牌，但大宝的种种不足并没有给自己带来麻烦。为什么呢，也许就是因为它进入的是一个没有多少竞争对手，或者是实力强大的同行很少关注的细分市场。

在销售渠道上，大宝认为如果继续依赖商业部门的订货和各省市的百货批发，必然会使销售渠道越来越窄。于是，三露厂采取主动出击，开辟新的销售网点的办法，在全国大中城市的有影响的百货商场设置专柜，直接销售自己的产品。到目前为止，大宝在全国已有上百个产品销售专柜，并培训了众多的信息员、导购员和电脑测试员在专柜前从事销售工作。专柜的建立不仅扩大了销售，也为大宝做了广告宣传。此外，许多省市的零售商直接到厂里提货，再批发到县乡一级。零售与批发同步进行，使大宝的销售覆盖面更加广泛，在许多偏远的地区也能见到大宝的产品。

在广告宣传上，大宝强调广告媒体的选择一定要经济且恰到好处。因而大宝选择了在中央电视台二套节目播出，理由是二套的广告价格较一套便宜许多，还可以套播。此外，大宝还赞助了“大宝国际影院”和“大宝国际影院”两个栏目。这样加起来，每日在电视上能见到七八次大宝的广告，如此高密度、轰炸式的广告，为大宝带来了较高的知名度。

广告的成功还在于广告定位与目标市场吻合，大宝曾经选用体育明星、影视明星做广告，但效果不是很好，后来大宝一改化妆品广告的美女与明星形象，选用了戏剧演员、教师、工人、摄影师等实实在在的普通工薪阶层，在日常生活的场景中，向人们讲述了生活和工作中所遇到的烦恼以及用了大宝护肤品后的感受。广告的诉求点是工薪阶层所期望解决的问题，于是，“大宝挺好的”“想要皮肤好，早晚用大宝”“大宝明天见，大宝天天见”等广告词深深植入老百姓的心中。

——本案例来源于道客巴巴

案例分析要点：消费者动机及行为分析。

案例分析：

（1）本案例中的购买动机的心理表现为求实心理和求廉心理。求实心理是以追求商品的实际使用价值为主要目的的购买心理，工薪阶层的消费者的经济能力有限，因此主要注重商品的实用性。求廉心理是以追求物美价廉为主要目的的购买心理，大宝在注重品牌质量的同时也考虑到了消费者的承受能力：大宝日霜的零售价不超过15元，晚霜也不超过20元。

（2）本案例中的消费者购买行为类型属于习惯型。习惯型购买行为的特点是品牌差异不大，消费者购买通常是出于习惯而购买某一品牌，使用大宝护肤品的消费者群体性格成熟，一旦接受一种产品一般很少更换。

（3）本案例中的消费者购买行为的变化趋势为商品大众化和消费的网络化。商品大众化是信息的快速传播和技术的不断进步，使相当多的商品趋向大众化，大宝加大宣传力度，为大宝带来较高的知名度，形成消费者某种消费偏好。

（4）本案例中的消费者购买决策过程为收集信息。消费者收集信息的范围和数量取决于三个因素，即购买类型、风险感和成本，购买信息来源中的个人来源和商业来源影响着消费者的购买行为。个人来源是指从家庭亲友、邻居、同事等个人交往中获得的信息，商业来源是指消费者从广告经销商、商店售货员、商品陈列、商品包装等途径得来的消息，大宝的广告词深入老百姓的心中。

（5）消费者市场的概述。现代消费市场的营销观念强调以消费者为中心，一切企业无论是生产企业还是商业服务企业，也无论是否直接为消费者服务，都必须研究消费者市场。大宝的另一个成功之处就是开发了一块被别人忽视的市场——男性市场。

案例引入 6：巴黎迪士尼跨文化营销

案例背景资料：华特迪士尼公司，简称迪士尼（Disney），是世界上第二大传媒娱乐企业，于 1923 年由华特迪士尼与兄长洛伊迪士尼创立。作为一家大型跨国公司，迪士尼的总部设在美国伯班克。迪士尼的主要业务横跨娱乐节目制作，主题公园，玩具，图书，电子游戏和传媒网络等多个领域。

案例：文化贯穿一切营销活动，营销事实上也成为文化的组成部分。无论是认可、抵制还是拒绝，对营销者所作所为的评判都是在一定的文化背景下进行的。这些所作所为与文化间的相互作用决定着营销的成败。因此，文化是一个国际营销活动中不可缺少的因素。我们可以通过巴黎迪士尼乐园跨文化营销活动来解读文化与营销的密切联系。“好莱坞在欧洲的成功，使迪士尼决心建立巴黎迪士尼，他们认为欧洲公众对美国进口产品的需求是没有限制的。”然而，它却忽略了“法国人排斥美国文化”这一事实，再加上美国管理层过于自信在美国和日本取得的管理经验，不顾法国当地的实际情况，也不重视法国员工的合理意见。这种傲慢的管理作风与方式使员工士气低落，这也是造成游客稀少的原因之一。

1. 平均逗留时间的差异

欧洲人在巴黎迪士尼的平均逗留时间为两个白天加一个晚上。而美国游客的平均逗留时间为四天。这一差异主要是由于停车场的数量造成的。与美国的多个停车场相比，巴黎迪士尼只有一个停车场，再加上高昂的停车费，使得欧洲游客来也匆匆，去也匆匆。

2. 典型季节性的游客

巴黎迪士尼的游客呈现典型的季节性，夏天小孩放假时是高峰期，没有假日时则是低谷。与美国人相比，他们不喜欢较长的假期，也不愿意总是带孩子出去度假，而美国人外出度假的频率要比欧洲人高得多。巴黎迪士尼的食品收入与其他公园相比水平很低。这主要是由两个错误假设造成的：一是认为法国人一般不吃早餐，二是完全效仿美国迪士尼的模式。

3. 纪念品销售收入低

巴黎迪士尼乐园的纪念品销售收入远远低于美国的两个迪士尼乐园和东京迪士尼乐园，尤其是东京迪士尼乐园。这主要是因为欧洲人对购买纪念品毫无兴趣，不像日本人热衷于购买纪念品作为礼物赠给亲朋好友。

4. 错误的地理位置选择

巴黎迪士尼设在北欧中部，由于气候原因这一地区一年中仅有六个月适合户外活动。巴黎迪士尼建设了大量房间，并为了吸引游客在淡季大打折扣。此外，巴黎迪士尼建在巴黎西郊，而人口增长主要集中在巴黎东部。西部人口的密度较小，也是造成今天这种局面原因之一。

——本案例来源于百度文库

案例分析要点：消费者购买决策过程。

案例分析：

在消费者购买决策的过程中，常常会同他人商量或者听取他人的意见，所以了解哪些人参与了购买决策，他们各自在购买决策过程中扮演怎样的角色，对于企业的营销活动是很重要的。消费者在购买中会充当各种角色，其中影响者，即其看法或建议对最终决策具有直接或间接影响的人。本案例中，迪士尼管理方式傲慢，对员工的态度置之不理，忽视了员工是购买行为的影响者。决定者，即能够对是否购买、为何买、买多少、何时买、何处买等问题全部或部分的最后决定人。本案例中，迪士尼完全仿效美国的模式，忽视了法国的实际情况，没有顺应法国人的作息时间，忽视了父母才是购买决策的决定者。

案例引入7：王者荣耀

案例背景资料：你今天上王者了吗？若问2017年最火的游戏是什么，答案无疑是《王者荣耀》。央视元宵晚会上，主持人朱军的语录“我玩王者荣耀，人在塔在”，这句话也刷爆了朋友圈。游戏第三方数据分析服务平台Data Eye的数据显示，《王者荣耀》的注册用户已超两亿，日活跃用户（DAU）超过5 000万，春节假期的DAU峰值甚至超过了8 000万，在全球iOS & Google Play收入榜上升三位，排第五名，创下新高。

案例：近年来，游戏不断地发展进步，玩家人数也是与日俱增，其中大学生是不可忽视的主要群体。据调查显示，80%以上的大学生都会玩游戏，其中就包括了多人在线战术竞技（MOBA）类竞技游戏。与此同时，2017年国内最大的移动大数据服务平台极光数据服务的研究报告显示，《王者荣耀》的大学生玩家高达54.9%，占所有群体的一半以上，王者荣耀的互动营销主要体现在线上与线下的相结合。关于线上，大学生最常用的社交工具就是微信、QQ，游戏通过这两个平台就可以进行注册登录，成功后即可邀请好友一同上线体验，20%的玩家认为这一点是最吸引他们的。除了在社交方面具有优势，用户如果上线邀请好友，平台还会有相应的奖励赠予，40.51%的玩家表示自己有因此通过腾讯推广平台向大家分享过这款游戏。关于线下，王者荣耀与一系列产品进行合作，例如必胜客，消费达到一定数额即赠送游戏角色皮肤；百雀羚、六神等国货品牌，推出《王者荣耀》系列礼盒。从中我们可以看出，无论是必胜客，还是六神都为玩家所青睐并且熟悉。可见，这种新颖的线上线下相结合的营销方式成功地吸引了大量玩家。

1. 直播营销

目前，直播作为新兴行业十分火爆，不仅收入可观，而且号召力极强，各热门直播平台上，一般也都为《王者荣耀》开了专题和游戏热门推荐。21.07%的玩家都表示看过网络直播宣传。王者荣耀职业联赛（KPL），是官方最高规格的专业晋级赛事。每年从开赛到结束，备受观众瞩目，根据调查显示，25.80%的人会因为观看赛事直播而去玩这款游戏。并且还有 18 个省份联合举办的校园“王者争霸赛”，这些做法不仅快速提高了品牌的知名度，也快速“圈粉”，占领了大学生市场。

2. 口碑营销

在这个信息爆炸、媒体泛滥的时代里，消费者对广告，甚至新闻，都具有极强的“免疫能力”，只有制造新颖的口碑传播内容才能吸引大众的关注与议论。《王者荣耀》一经推出就被许多英雄联盟粉指责抄袭，一时间，各大网络平台微博、贴吧都在纷纷议论，而这场暴风争议并没有使《王者荣耀》进入低谷，相反许多玩家为了比较两者的优缺点而去登录，调查中就有 27.93%的玩家因为《王者荣耀》与《英雄联盟》相似才去玩这款游戏。此外，口碑传播有一个重要的特点就是可信度高。相对于纯粹的广告、促销而言，同学推荐说好玩有趣的可信度要更高，30.06%的玩家就证实自己是因为朋友推荐才去玩这款游戏的。

3. 微博营销

刷微博是大学生娱乐的项目之一。据 2017 年报道，微博数据显示，《王者荣耀》是用户最喜爱的三款移动电竞游戏之一，每年王者荣耀官方微博都会通过赛事宣传获取巨大的阅读量。同时大批量有关《王者荣耀》的综艺、主题曲的推出，明星、歌手们在自己的官方微博进行的宣传，都能有效地吸引粉丝。52.03%的玩家都表示听过王者荣耀的主打歌。不仅仅是官方微博的宣传，还有许多知名大 V 也会制造话题，包括王者荣耀神吐槽，搞笑视频集锦等。

谈到《王者荣耀》爆红背后的营销策略，大家可能会说是针对春节、元宵节、情人节这些热点节日，推出各种“福利”活动，还可能会说是随处可见的《王者荣耀》海报、各种赛事报道、请明星“开黑”等做的推广，或者是说而朱军在元宵节晚会“人在塔在”的语录和雪姨微博吐槽事件都引发了微博、朋友圈病毒式传播等。确实，这些推广也是《王者荣耀》爆红路上不可少的手段。

——本案例来源于百度文库

案例分析要点：消费者动机及行为分析。

案例分析：

（1）消费者市场的特点。可诱导性是指消费者在购买行为具有很大的诱导性，这是因为消费者的购买行为属于非专业性购买，购买某种产品达到一定数额就赠送游戏皮肤，这对消费者来说比较容易办到，从而产生去接触《王者荣耀》的行为、动机。

（2）消费者购买行为模式。研究消费者行为的模式有很多，比较有代表性的是刺激反应模式，即消费者受到外部刺激而产生的购买意愿。本案例中的网络信息、各热门直播平台上一般都为王者荣耀开了专题和游戏热门推荐，这很容易让看到相关信息的消费者对此产生兴趣。

（3）消费者购买动机类型。心理动机是由于人们心理所需要产生的惠顾动机，而惠顾动机是消费者对特定商品、商店品牌等，因为特殊的信任和偏爱而产生的重复性购买动机，如大学生对某种英雄的偏好，而产生的经常性购买动机。

（4）本案例中影响消费者购买行为的主要因素为个人因素。不同年龄阶段的人，有不同的消费心理和行为，消费者对产品的需求会随着年龄的增长而变化，大学生在玩游戏时把玩游戏作为一种娱乐，因此《王者荣耀》在大学生群体中十分受欢迎。

（5）本案例中消费者购买行为类型为多变型。多变型购买行为不太关注产品品牌，大学生在玩游戏中购买某种皮肤和英雄时，通常不会花费太多的时间去选择品牌和品种。

三、课后案例引入

课后案例引入1：狗不理包子

狗不理包子是中国天津的一道闻名中外的传统小吃，该小吃以一道由面粉、猪肉等材料制作而成的小吃，其始创于公元1858年（清朝咸丰年间），至今有100多年历史，该小吃为“天津三绝”之首，是中华老字号之一。

2020年，狗不理包子突然火了，两个相关话题冲上了热搜，还都是负面的：狗不理回应王府井店遭差评报警，狗不理包子王府井店门店关闭。狗不理又是报警，又是关店，而原因仅仅是一支“普通”的探店视频。怎么回事呢？一个叫@谷岳的博主，发布了一个探店vlog：大众点评上最差的餐厅。

短片中他以顾客的身份，去狗不理点了一屉酱肉包和一屉鲜肉包子。镜头里的谷岳像和朋友聊天一样，边吃边吐槽，比如酱肉包感觉里面都是肥肉，特别腻。鲜肉包皮厚馅少像个馒头，面皮还粘牙。而且整体描述也还算客观，比起大众点评上

“文采斐然”的评论，甚至还算客气。可就是这么一支“平平无奇”的视频，让狗不理官方发了个声明，称视频信息不实、恶语中伤，侵犯了餐厅名誉权，还报警了！这个高高在上的傲慢声明，就像点了导火线一样，让网友群情激愤：难吃不让人说？甚至连央视都看不下去了，一句不要倚老卖老，更是一针见血。

而更加魔幻的事情还在后面，眼看公关舆论已经全面溃败，狗不理又将自己“开除狗籍”：狗不理集团股份有限公司，通过官方微博@天津狗不理发布声明，宣布解除与王府井店加盟方合作。至此，狗不理靠着自己的两次“不理”，搬起了别人的视频，“砸”了自家的店：第一次“不理”：是忽视了消费者差评背后口味和价格需要改进的意见。第二次“不理”：是面对铺天盖地的声讨，像开除临时工一样不理自家店铺。

不过令人唏嘘的是，如今因淹没在差评海洋里的狗不理，最开始也是成名于“不理”：不过是因为太好吃了，生意好到不理人。早期的狗不理告诉我们，好的产品确实自己会说话：传闻当年袁世凯在天津编练新军，在吃过狗不理包子后拍案叫绝，还特地将狗不理包子带入宫中，给慈禧太后品尝。而慈禧也在尝后，难掩喜悦，来了一句流传百年的点评：“山中走兽云中燕，腹地牛羊海底鲜，不及狗不理包子香矣，食之长寿也。”当时物美价廉的狗不理，不仅靠着口碑成为天津的美食名片，还靠着产品的特色在20年前的春晚小品，体验了一把春晚的“直播带货”。小品演员郭冬临和冯巩，在谈笑间悄然地拔高了狗不理的知名度与美誉度：“它薄皮大馅十八个褶，来它半斤狗不理我一口能吃仨。”甚至在今日年轻人常驻的“B站”，这段视频仍然发挥着内容营销的余威。

然而就像其他老字号一样，随着狗不理产品的老化，它逐渐与消费者需求脱节，只一味地继承老工艺，使顾客不断流失。而近年狗不理的应对策略，竟是提价走高端路线，甚至还卖过一段时间咖啡。这种南辕北辙的操作，也为之后浪潮般的差评埋下了伏笔。

起初因好产品，忙到不理人的狗不理，经历了百年的商业变迁，在几代人的心里盖好了口碑大厦。可近年来，越来越多的舆论批评狗不理：高价难吃态度差，靠着老字号金字招牌的口碑，专做游客生意的一锤子买卖。而之后狗不理的迷惑公关，在有目共睹的缺陷上态度傲慢，吸引来了大家的集中声讨，终于让之前的差评二次爆发，不少人心中的口碑形象也随之轰然倒塌。但毕竟是我们的老字号，希望狗不理，不要忘了自己当初的名气是怎么来的。

——本案例来源于百度文库

问题思考：

1. 消费者市场的特点是什么？
2. 简述消费者市场的重要性。

课后案例引入2：海尔家电

海尔集团是世界白色家电第一品牌、中国最具价值的品牌之一。海尔在全球建立了29个制造基地，8个综合研发中心，19个海外贸易公司全球员工超过6万人。2009年，海尔全球营业额实现1 243亿元，2010年 品牌价值已达207.65亿元，海尔积极履行社会责任，援建129所希望小学，制作212集科教动画片《海尔兄弟》，成为2008年北京奥运会全球唯一电器赞助商。

海尔品牌旗下的冰箱、空调、洗衣机、电视机、热水器、电脑、手机、家居集成等19个产品被评为中国名牌，其中海尔冰箱、洗衣机还被国家质检总局评为首批中国世界名牌。海尔的产品被批量销往全球主要经济区域市场，并有自己的海外经销商网络与售后服务网络，海尔品牌已经有了一定知名度、信誉度与美誉度。海尔在当地的国家创造自己的品牌，海尔品牌在世界范围的美誉度大幅提升。

海尔的品牌营销策略是将集团品牌划分为企业牌（产品总商标）、行销牌（产品行销商标）和产品牌（产品类别名称）三个层次。从家电的长线产品考虑，海尔将各类别家电产品统一以Haier总商标统筹，叫作产品总商标。再结合各产品特点，策划确定出产品主题词，以该主题词为中心，根据品种、型号扩充，演绎出一系列行销商标。如冰箱的王子系列，就分别定位出小王子、小小王子、大王子、双王子、冰王子和雪王子等产品品牌配合总商标同时推出，最大限度地发挥了Haier名牌的连带影响力，大大降低了广告宣传中的传播成本。

单一品牌战略是指企业的多种产品使用同一品牌的战略，一种品牌成功后，又延伸到其他产品上，使用该成功产品的同一品牌。海尔采用的就是完全的单一品牌战略。在海尔企业，冰箱、空调、彩电、电脑和手机等，所有的产品都使用海尔的品牌，从而形成了一个蔚为壮观的品牌大家族。此外，海尔还在其单一品牌战略中采用了企业/品牌同名战略，而实施企业/品牌同名战略有利于减少传播费用，在宣传企业的同时宣传了品牌，在宣传品牌的同时又宣传了企业，消费者会将每一次的品牌行为都归结为是企业的行为，也会将每一次的企业行为都积累到品牌的身上，这种互动的形式对品牌资产的积累将更加快速有效。比如，海尔砸冰箱的事件是一种企业行为，但是带给消费者的印象不仅是企业对产品质量的重视，更直接提升了海尔品牌的美誉度；海尔推出可以洗红薯的洗衣机本是品牌行为，但消费者同样会认为海尔是一个创新的企业，一个真正为消费者着想的企业。如果品牌名和企业名不同，是无法达到这种效果的。品牌延伸是指一个品牌将原有的业务或产品延伸到新业务或产品上，使多项业务或产品共享同一品牌。品牌延伸有两类：一是品种延伸，也称线延伸，它是指现有品牌向同一品类的不同品种的延伸。线延伸通常伴有副品牌的命名，即用副品牌表示线上不同的品种。二是品类延伸，它是指现有品牌向不同品类的延伸。品类延伸通常不另外引入副品牌，而把品类名作为副品牌与主品牌的复合。海尔的品种延伸战略是在其洗衣机、空调、冰箱和电脑产品上都进行了品种延伸。在冰箱上，海尔推出了“海尔-小王子”“海尔-双王子”“海尔-大王子”“海尔-帅王子”“海尔-金王子”等品种；在空调上，海尔推出了“海尔-小超人”变频空调、“海尔-小状元”健康空调、“海尔-小英才”窗机等品种；在洗衣机上，海尔推出了“海尔-神童”“海尔-小小神童”“海尔-同心洗”等品种；在电脑上，海尔推出了“潜龙”“见龙”“游龙”等品种。海尔通过其品种延伸，满足了顾客对某一产品在规格、档次、品位、功能上的不同需求。

海尔在其品种延伸的过程中，还成功地进行了副品牌营销。海尔采取副品牌营销的优点有：①避免统一品牌的局限，利于产品延伸。由于海尔采用的是单一品牌战略，当企业规模不断扩大，尤其是产品链不断延伸时，当海尔从传统家电产品向信息家电产品发展时，统一品牌的局限性就会随之突显出来。“海尔就是冰箱”的思维定式，使品牌的延伸营销遇到障碍。而选择副品牌营销战略，能有效引导消费者突破原有消费定式，接受和认可新产品，并将自己对主品牌的信赖、忠诚迅速转移到新产品上来。②利于商品同中求异，便于消费者区别和记忆。产品主品牌比作“姓”，“副品牌”就像是“名”，有姓有名更容易把产品区分开来。海尔家电品种繁多，如果把所有家电都称为海尔，就不便于消费者区分，会让人印象模糊。海尔把0.5千克的小洗衣机叫即时洗、电视机叫探路者、美容加湿器叫小梦露，消费者自然对其一目了然。对同一商品，也可用副品牌将规格、品位、档次、功能等区分开来，如海尔冰箱选用“小王子”“帅王子”“小小王子”等，凸显商品个性和特色。主品牌往往难以充分展现每个产品大类的个性，副品牌正好能弥补这一不足。比如“神童”巧妙蕴涵了“海尔-神童”洗衣机的电脑控制、全自动、智慧型等产品特点和优势。③为产品未来预留发展空间。主品牌形象在产品的更新换代和延伸发展中往往不便做大的变动，副品牌则可随时间、地点和产品的特征不同而做出相应的变动，为统一的主品牌不断推出新产品留下了空间和余地。④兼具商品促销功能。副品牌往往概括了产品特征，贴近目标市场的审美观念，能造就新的刺激、树立新的概念、创造新的卖点，对市场促销作用比较明显。比如，海尔的“即时洗”洗衣机——“小小神童”，以其内衣、外衣分开洗，夏天衣服即时洗的独特优点，开创了人们即时洗衣的新时尚而风靡市场。⑤构筑新的竞争优势。副品牌不断闯入消费者的视野，这不仅能加深消费者对产品的印象，还可使消费者产生某种感觉。如厂家规模大、实力强、创新快、活力足、服务优等，直接或间接提升消费者对产品的信赖感和美誉度。

——本案例来源于豆丁网

问题思考：

1. 消费者购买行为的主要因素有哪些？
2. 消费着的行为动机有哪些？

四、课后思考题

1. 消费者市场的概念及其特点是什么?
2. 影响消费者购买行为的因素有哪些?
3. 消费者购买行为类型及企业营销对策分别是什么?
4. 消费者购买决策过程的主要参与者是谁?
5. 消费者购买决策过程是什么?
7. 消费者的消费趋势受到哪些因素的影响?
8. 上述案例中描述的消费趋势，对企业具有什么启示?

第五章
市场营销战略规划

一、理论部分

规划是指企业面对激烈的外部环境，为求得长期的生存和不断发展而进行的有关企业发展的总体性谋划。战略是确定企业长远发展目标，并指出实现长远目标的策略和途径。战略规划确定的目标，必须与企业的宗旨和使命相吻合。战略是一种思想、一种思维方法，也是一种分析工具和长远和整体的计划规划。

市场营销是指企业为满足消费者或用户的需求而提供商品或劳务的整体营销活动。

市场营销战略是企业市场营销部门根据战略规划，在综合考虑外部市场计划及内部资源状况等因素的基础上，确定目标市场，选择相应的市场营销战略组合，并予以有效的实施和控制过程。市场营销总战略包括：产品营销、价格营销、渠道营销、促销策略等。

市场营销战略的特征：全局性、长远性、导向性、竞争性、原则性、稳定性。

市场营销战略的作用：①增强公司内部各部门工作的协作意识，②为改进管理创造条件③，缓解意外波动的影响，④减少管理者的盲目性。

经营理念、方针、企业策略、市场营销目标等是企业制定市场营销战略的前提条件，是必须适用或服从的，一般是既定的。在市场营销战略的制定过程中首先要确定的就是市场营销的目标。确定营销目标时必须考虑与企业整体战略的联系，使目标与企业的发展目标以及企业理念中所明确的、对市场和顾客的姿态相适应。

市场营销目标应包括：①量的目标，如销售量、利润额、市场占有率；②质的目标，如提高企业形象、知名度、获得顾客等；③其他目标，如市场开拓，新产品的开发、销售，现有产品的促销等。

制定市场营销战略的内外部环境：

（1）宏观环境：包括政治、法律、社会、文化、经济、技术等。

（2）市场：①市场特性。一是互选性，二是流动性变化，三是竞争性，四是导向性，五是非固定性。②市场状况。市场状况包括市场规模、市场人口、购买力、购买欲望。

现在我国消费者的需求呈现出两种倾向，一是丰富化和多样化，二是两极分化越来越明显。绝大部分产品供大于求，形成买方市场。

（3）行业动向和竞争。

（4）本企业状况。

市场营销管理过程：所谓市场营销管理过程就是识别、分析、选择和发掘市场营销机会，以实现企业的任务和目标管理过程，亦即企业与它最佳的市场机会相适应的过程。这个过程包括分析市场机会、确定营销目标、制订营销计划和预算及营销实施和评价四个步骤。

二、案例引入

案例引入 1：农夫山泉

案例背景资料：1998 年，娃哈哈、乐百氏以及其他众多的饮用水品牌大战已是硝烟四起，而在娃哈哈和乐百氏面前，刚刚问世的农夫山泉显得势单力薄，另外，农夫山泉只从千岛湖取水，运输成本高昂。

案例：农夫山泉在这个时候切入市场，并在短短几年内抗住了众多国内外品牌的冲击，稳居行业三甲，成功要素之一在于其差异化营销之路，而差异化的直接表现来自“有点甜”的概念创意。“农夫山泉有点甜。”“农夫山泉”真的有点甜吗？非也，营销传播概念而已。农夫山泉的水来自千岛湖，是从很多大山中汇总的泉水，经过千岛湖的自净、净化，完全可以说是甜美的泉水。但怎样才能让消费者直观形象地认识到农夫山泉的“出身”，怎样形成美好的“甘泉”印象呢？这就需要一个简单而形象的营销传播概念。

“农夫山泉有点甜”并不要求水一定得有点甜，甜水是好水的代名词，正如咖啡味道本来很苦，但雀巢咖啡却说味道好极了，说明是好咖啡一样。中文有“甘泉”一词，解释就是甜美的水。“甜”不仅传递了良好的产品品质信息，还直接让人联想到了甘甜爽口的泉水，喝起来自然感觉“有点甜”。

——本案例来源于百度文库

案例分析要点：产品销售策略。

案例分析：

（1）产品差异化策略：农夫山泉打造的是“有点‘甜’的健康天然水”这一概念。饮用水的口感是衡量水质好坏最直观的标准，一种好的饮用水应该口感清爽、无异味。它说明：水中没有有机物及腐殖酸；水中异味金属离子含量极低；矿物质及微量元素含量适中，搭配合理。

（2）价格策略：农夫山泉原先走的是高价路线，虽然体现了高档、高质的形象，但也因此难以继续扩大市场份额。借助申奥的机会，农夫山泉开始采用在概念诉求上求“异化”的同时，在价格上求“同化”的策略。

（3）分销渠道策略：农夫山泉的渠道模式是分销模式。其传统食品零售渠道主要分布在食品店、食品商城、副食店、菜市场等。其超级市场渠道主要有连锁超级市场、批发超级市场、自选商场仓储式超级市场等。其杂货店渠道主要有居民区便利店、烟杂店、小卖部等。农夫山泉一直通过全国各区域办事处招募经销商。

（4）农夫山泉的物流管理：农夫山泉为了保证水的品质将工厂建在水源附近。农夫山泉的水源基地都地处偏僻的深山密林，进出非常不便，所以农夫山泉所有生产厂都选择在有铁路终端的地区，并拥有国内唯一的饮用水专用铁路运输线，以保证运输的及时性。

案例引入 2：捕鼠神器

案例背景资料：美国易捕公司原有的公司使命 ——“造出比他邻居更好的捕鼠器”，然而，使命应该是市场导向的，根据顾客的基本需求来定义。

案例：美国一家制造捕鼠器的公司，为了试制一种符合老鼠生活习性的捕鼠器，组织力量花了若干年时间研究了老鼠的吃、活动和休息等各方面的特征，终于制造出了受老鼠“欢迎”的一种新型捕鼠器。新产品完成后，屡经试验，捕鼠效果确实不错，捕鼠率百分之百，同时与老式捕鼠器相比，新型捕鼠器还有以下优点：①外观大方，造型美观；②捕鼠器顶端有按钮，捕到老鼠后只要一按按钮，死鼠就会掉落；③可终日置于室内，不必夜间投器，白天收拾，绝对安全，也不会伤害儿童；④可重复使用，一个新型捕鼠器可抵好几个老式捕鼠器。

新型捕鼠器上市伊始深受消费者的青睐，但好景不长，市场迅速萎缩了。是什么原因致使这么好的东西没有达到预计的销售业绩呢？后来查明，其致命原因是：第一，购买该新型捕鼠器的买主一般是家庭中的男性。他们每天就寝前安装好捕鼠器，次日起床后因急于上班，便把清理捕鼠器的任务留给了家庭主妇。主妇们见死鼠就害怕、恶心，同时又担心捕鼠器不安全，会伤害到人。结果许多家庭主妇只好将死鼠连同捕鼠器一起丢弃，由此消费者感到代价太大，主妇们便不希望自己的丈夫再买这种捕鼠器。第二，由于该捕鼠器造型美观，价格自然较高，所以中低收入的家庭购买一个便重复多次使用，况且家中老鼠在捕捉几只后就可以“休息”一段时间，重复购买行为因而减少，销量自然下降。高收入的家庭，虽然可以多买几个，但是用后处理很伤脑筋，老式捕鼠器捉到一只老鼠后，可以与老鼠一起扔进垃圾箱，而新型捕鼠器有些舍不得扔掉，留下来又不知道放在何处。另外捕鼠器的存在，又容易引起有关老鼠的可怕念头。

——本案例来源于百度文库

案例分析要点：消费者需求。

案例分析：

该捕鼠器公司以生产观念为指导，不考虑消费者的需求，自以为是，闭门造车是导致其失败的根本原因。正确的做法应是以消费者为中心，以市场需求为导向，在市场调查的基础上，考虑消费者的愿望和需要，搞清楚消费者是希望拥有更好的捕鼠器呢还是更希望拥有一个消灭老鼠的办法呢？比如用化学药品代替捕鼠器，同时还要搞清楚究竟有多少消费者需要新型捕鼠器，然后再制定相应的产品策略，确定一定的生产量。

案例引入3：天美时钟表

案例背景资料：美国天美时钟表公司在“二战”前还是一个不大起眼的公司，因此，公司极力想在美国市场上撕开一条口子，大干一番。当时，著名的钟表公司几乎都以生产名贵手表为目标，而且主要通过大百货商店、珠宝商店推销。

案例：美国天美时钟表公司通过市场营销研究发现，市场上的购买者分为三类：第一类消费者希望能以尽量低的价格购买能计时的手表，他们追求的是低价位的实用品，这类消费者占23%。第二类消费者希望能以较高的价格购买计时准确、更耐用或式样好的手表，他们既重实用又重美观，这类消费者占46%。第三类消费者主要是把它作为礼物，他们占整个市场的31%。由此企业发现，以往提供的产品仅是以第三类消费者为对象的。美国天美时钟表公司欣喜地意识到，一个潜在的充满生机的大市场即在眼前。于是根据第一、第二类消费者的需要，制造出一种叫作“天美时”的物美价廉的手表，一年内保修，而且利用新的销售渠道销售，即广泛通过商店、超级市场、廉价商店、药房等各种类型的商店大力推销，结果很快提高了市场占有率，成为世界上较大的钟表公司之一。

——本案例来源于百度文库

案例分析要点：消费细分群体的差异。

案例分析：

该公司将市场上的购买者分为三类，第一类是占市场份额23%的追求低价值的实用品的消费者，第二类是占市场份额46%的既重实用又重美观的消费者，第三类是占市场份额31%的想买名贵手表的消费者。实践证明这种细分是有效的，将市场分为三类，又对产品进行定位，突出低价位的市场定位，从而奠定了成功的基石。在企业之间竞争日益激烈的情况下，通过市场细分，企业可以找到市场上尚未被满足的市场需要，从而找到对企业有利的营销机会。美国天美时钟表公司在其他钟表公司都把产品的生产集中在名贵手表的时候，对市场进行有效细分，从而找到了自己的目标市场，集中于低价位的市场，开发自己的营销渠道。天美时钟表公司选择了正确的营销策略，找准了自己的目标市场，从而获得了成功。

案例引入4：麦当劳

案例背景资料：麦当劳作为一家国际餐饮巨头，其创始于20世纪50年代中期的美国。由于当时创始人及时抓住高速发展的美国经济下的工薪阶层需要方便快捷的食品这一良机，并且瞄准细分市场需求特征，对产品进行准确定位而一举成功。

案例：当今麦当劳已经成长为世界上最大的餐饮集团，在109个国家开设了2.5万家连锁店，年营业额超过34亿美元。1948年，美国人理查德和莫里斯麦克唐纳夫妇，在位于加利福尼亚州圣贝纳迪诺路边开办了第一家麦当劳餐厅。为了吸引往来于加州新高速公路的人来此用餐，他们在餐厅屋顶上竖起了一个引人注目的金黄色麦当劳弓形霓虹灯招牌。餐厅一改往日传统的供餐方式，所售食品如汉堡包、油煎食品甚至奶昔和苏打水等饮料，全部采用纸制品包装出售，由于出售的食品便于携带，那些驾车路过的人不用离车就能解决用餐问题，因此深受顾客欢迎。另外，餐厅还采用简单、重复的流水作业方式制作食品。就这样，在参照了工业流水线和商业厨房的基础上，一种新式快餐诞生了。伴随着它的出现，一种新的生活方式也随之向全美各地蔓延，以致后来影响到整个世界。

——本案例来源于百度文库

案例分析要点：市场细分的依据。

案例分析：

麦当劳的成功主要是在市场环境分析上做足了功夫，它根据地理、人口和心理要素准确地进行了市场分析，并分别实施了相应的战略。

（1）根据地理要素市场：例如，麦当劳刚进入中国市场时大量传播美国文化和生活理念，希望以美国式产品——牛肉汉堡来征服中国人。但中国人爱吃鸡肉，与其他洋快餐相比，鸡肉产品也更符合中国人的口味，更加容易被中国人所接受。针对这一情况，麦当劳改变了原来的策略，推出了鸡肉产品。在全世界从来只卖牛肉产品的麦当劳也开始卖鸡肉了。这一改变正是基于地理要素做出的，也加快了麦当劳在中国市场的发展步伐。

（2）根据人口要素市场：例如，麦当劳以孩子为中心，把孩子作为主要消费者，十分注重培养他们的消费忠诚度。在餐厅用餐的小朋友，经常会意外获得印有麦当劳标志的气球、折纸等小礼物。在中国，还有麦当劳叔叔俱乐部，其参加者为3~12岁的小朋友，俱乐部会定期开展活动，让小朋友更加喜爱麦当劳。这便是相当成功的人口细分，抓住了该市场的特征与定位。

（3）根据心理要素市场：例如，针对方便型市场，麦当劳提出“59秒快速服务”①。针对休闲型市场，麦当劳对餐厅店堂布置非常讲究，尽量做到让顾客觉得舒适自由。麦当劳努力使顾客把麦当劳作为一个具有独特文化的休闲好去处，以吸引休闲型市场的消费者群。

案例引入5：天堂伞

案例背景资料：雨伞是我们生活中必备的日用品，不管是晴天还是雨天，春夏

---

① 59秒快递服务：针对方便型市场，麦当劳提出“59秒快速服务”，即从顾客开始点餐到拿着食品离开柜台标准时间为59秒，不得超过一分钟。

秋冬都离不开伞，而在众多伞的品牌中，天堂伞最为有名，但它也不乏竞争者，其中主要的竞争者有红叶伞、太阳城伞、梅花伞等，下面就天堂伞的成功做市场营销分析。

案例：杭州天堂伞业集团有限公司坐落于美丽的西子湖畔，是以生产晴雨伞为主，多元化经营的大型制伞集团企业，拥有全资企业六家，控股企业两家，产品涉及伞具、雨衣、锁具生产，机械设备制造，塑胶及五金加工。公司拥有实力雄厚的专业技术力量，有严格的质量管理体系、计量检测体系、标准化体系、信息化体系和现代化科学管理手段，保持了可持续发展的潜力优势。在国内同行业中无可争议地处于领先地位，成为中国伞业界公认的龙头企业和优秀代表。“天堂”商标是中国驰名商标，公司主导产品天堂牌晴雨伞是中国名牌产品，素以轻、新、美、牢著称，产品质量和技术工艺代表了当今世界先进水平，在国内外市场享有很高的声誉和广泛的影响。近年来，公司陆续开发生产的超轻系列、防紫外线系列、旅游系列等新产品，在造型设计、技术工艺、面料、包装等方面都有了较大的创新和突破，已经达到国际先进水平。

——本案例来源于百度文库

案例分析要点：目标市场的选择。

案例分析：

（1）目标市场：公司的产品覆盖了各个领域的消费者。顾客就是企业的目标市场，天堂伞不仅以广大的消费者作为销售对象，也常作为非营利组织市场和政府市场的专用礼品。因此天堂企业的目标市场形成了以消费者为主导的市场。在目标市场的营销战略中天堂伞采用了差异性的营销战略，即根据不同年龄、不同阶层的消费者的喜好设计推出了具有针对性的产品。如缤纷校园系列的目标市场是学生，雍容华贵系列针对的是收入比较高的知性白领群体等。

（2）市场定位：天堂伞是中国伞业的第一品牌，处于行业领导者的地位。最初是定位于中高档消费市场，而在20世纪90年代中后期中国国内市场上有消费能力的消费者部分地退出了雨伞的消费，而对于中低收入的消费者而言，价格成为他们购买雨伞的主要考虑因素。此时，价钱较贵的天堂伞的市场份额在被低档伞侵蚀。面对这样的情况，公司以“为消费者提供质量优良、外观时尚靓丽、代表个性的伞业品牌”为宗旨，对产品做出了新的市场定位。公司将高校大学生群体及时尚青年、白领一族作为消费群体，以“天堂伞把最美的心送给最爱的你，把浪漫的爱情和天堂伞的外观时尚靓丽相结合，彰显纯真的个性”为主题，推出了系列产品，从此伞在人们心中的作用不仅仅是遮阳、挡风、避雨，更是彰显个性、体现品位的标志。针对低收入消费者，公司也推出了价格实惠、设计精致的“百姓人家系列”产品，全面占领了伞业的消费市场。

案例引入 6：舒肤佳

案例背景资料：1963 年舒肤佳除菌香皂首次在美国上市（属于宝洁公司的品牌之一），此后畅销于全世界几十个国家和地区。1992 年舒肤佳进入中国市场，在短短几年内，凭借其高质量和准确的市场定位，取得了极大的成功，成为中国个人清洁产品市场的主导品牌。因其显著的抗菌功效，在国际上，舒肤佳品牌已获得多家国际医学专业团体的认可。

案例：在中国，舒肤佳的除菌功效也获得了中华医学会的验证，实验证明，舒肤佳能有效去除和抑制可能引起皮肤感染和汗臭的细菌。舒肤佳香皂含有抗菌活性成分迪保肤，在清洗过程中能有效去除皮肤表面的暂留微生物。清洗后，舒肤佳留在皮肤上的抗菌活性成分迪保肤能有效抑制皮肤表面细菌的再生。始创于 1837 年的宝洁公司，是世界较大的日用消费品公司之一。2003—2004 年财政年度，公司全年销售额为 514 亿美元。在《财富》杂志最新评选出的全球 500 家最大工业/服务业企业中，宝洁公司排在第 86 位。宝洁公司全球雇员近 10 万名，在全球 80 多个国家设有工厂及分公司，所经营的 300 多个品牌的产品畅销 160 多个国家和地区，其中包括织物及家居护理、美发美容、婴儿及家庭护理、健康护理、食品及饮料等。成立于 1994 年的天津宝洁有限公司是宝洁公司在华投资较早的生产基地，落户天津河西区，一直以来主要生产“舒肤佳”品牌系列香皂。1992 年 3 月，“舒肤佳”进入中国市场，而早在 1986 年就进入中国市场的“力士”已经牢牢占据香皂市场，后生“舒肤佳”却在短短几年时间里，硬生生地把“力士”从香皂霸主的宝座上拉了下来，根据 2001 年的数据，舒肤佳市场占有率达 41.95%，比位居第二的力士高出 14 个百分点。

——本案例来源于百度文库

案例分析要点：产品定位。

案例分析：

舒肤佳的成功自然有很多因素，但关键的一点在于它找到了一个新颖而准确的“除菌”概念。在中国人刚开始用香皂洗手的时候，舒肤佳就开始了它长达十几年的“教育工作”，要中国人把手真正洗干净。“看得见的污渍洗掉了，看不见的细菌你洗掉了吗?”在舒肤佳的营销传播中，其以“除菌”为轴心概念，诉求“有效除菌护全家”，并在广告中通过踢球、挤车、扛煤气等场景告诉大家生活中会感染很多细菌，然后用放大镜下的细菌“吓你一跳”。最后，舒肤佳再通过“内含抗菌成分迪保肤”之理性诉求和实验来证明舒肤佳可以让你把手洗“干净”，另外，还通过“中华医学会验证”增强了品牌信任度。

三、课后案例引入

课后案例引入 1：海尔集团

海尔集团是世界白色家电第一品牌。海尔集团自 1984 年开始创业，至今已由一个亏损 147 万元的小型集体企业，发展成为一个集科研、生产、贸易、金融于一体，跨地区、跨行业、跨所有制、跨国经营的现代化企业集团。

2000 年，海尔集团实现全球营业额 406 亿元，比 1984 年的 348 万元增长 11 600 多倍，海尔产品已由单一型号的冰箱拓展到目前的空调、洗衣机、手机等包括白色、黑色、米色家电在内的 69 大门类、10 800 多个品牌的产品群；产品出口 160 多个国家，2000 年实现出口创汇 2.8 亿元，自 1998 年以来，出口创汇每年以翻一番的速度增长，是中国家电业出口创汇最多的企业。2001 年 8 月出版的《福布斯》杂志刊登资料表明，海尔已在全球白色家电制造商中雄居第六位；2000 年海尔品牌价值已达 3 301 亿元，是 1995 年第一次评估的 7.8 倍，成为中国家电第一品牌。海尔之所以能够不断地超越自我，保持年均 80%的持续快速增长，关键是得益于其成功的营销策略。

现在海尔除了拥有电冰箱的生产线外，还有洗衣机、空调、电视机等，而且手机也开始生产。海尔在产品开发这方面，采取的是先发展龙头产品，然后再逐个发展其他相关产品的战略，不断扩展企业的发展空间，走多元化战略发展道路。在扩张的道路上，海尔始终坚持的原则是：要在自己熟悉的行业内做大、做好、做强，在这个前提下再进入与这个行业相关的产品领域。企业多元化的道路也要具备两个条件：一是主体企业要具备优势，其内部的管理模式是一流的，并与世界接轨，其外部市场上的产品在同行业名列前茅；二是目的要明确，不是为了简单地外延，而是为了实质地发展，不是为了追求形式上的大，而是为了实质上的强。

——本案例来源于夏清明的《市场营销学》

问题思考：

1. 多元化战略的优势和劣势分别是什么？
2. 多元化战略的具体操作是什么？

课后案例引入 2：脑白金：简单而成功的营销模式

在保健品行业这个新模式、新手段层出不穷的行业内，脑白金的成功显得异常地出类拔萃。当时脑白金并不是销量最大的保健品——它远比不上三株口服液，也比不上红桃 K、太阳神；但脑白金营销过程中所发掘出的促销创新手段、对渠道和销售分支管理的改革、管理的简化等，其价值远远超过保健品行业内的其他成功案例。

20 年来，保健品行业一直在创造着财富传奇。太阳神、娃哈哈、昂立、三株、飞龙、养生堂、太太药业、红桃 K、长甲集团、正大青春宝、绿谷集团……众多我们耳熟能详的大企业，其步入辉煌的第一桶金，都是依靠保健品挖掘来的。他们创下诸多可圈可点的营销模式，并创下了营销奇迹。譬如太阳神在中国企业中第一个引入 CIS、三株的农村包围城市、养生堂的概念公关营销、绿谷的新闻案例营销、巨能钙诊断式营销、夕阳美工作站整合直接营销等，在保健品行业丰厚的利润吸引下，保健品企业创下的创新营销手段、创新营销模式层出不穷，远非其他任何行业能够比拟。

史玉柱与他的巨人集团也未能幸免。时间回溯到 1997 年，巨人飓风般地倒闭之后，史玉柱痛定思痛，决心要从保健品业重新爬起来。1998 年，经过一年的摸索，一种新的保健品——“脑白金”出现在人们面前。至 2000 年，脑白金的年销售额即达到 12 亿元。

一、通过创新实现差异化

脑白金的创新是深入的、全方位的、非常彻底的。从产品配方、促销手段、广告投放、渠道控制、分支机构管理等众多方面，脑白金进行了大胆的创新。而创新带来的差异化，则成了脑白金成功的最主要因素。

1. 产品创新：复合配方巧造壁垒

脑白金申报的功能是“改善睡眠、润肠通便”。但认真考证一下，就会发现，支撑脑白金的产品概念是“脑白金体”。那什么是“脑白金体”？其实这是为了制造壁垒、拦截竞争对手跟进。道理非常清楚，如果巨人在宣传中强调其促进睡眠的主要原料 Melatonin（简称 MT），那么巨人开拓出来的市场，很快就会被跟进的竞争对手通过市场细分、价格战，最终抢掉其部分市场。

巨人采取的对策不是为了宣传 MT，而是为 MT 起了个有意义、有吸引力的中国名字“脑白金”，并把“脑白金”注册为商标。所有的宣传都围绕商标进行，一旦竞争对手在宣传中提到“脑白金”几个字，就会遭遇法律诉讼。于是商标成了第一道保护壁垒。

即使不强调 MT，宣传注册商标“脑白金”，那么竞争对手也同样能够跟进——如果都是简单的胶囊，因为产品形态雷同，在竞争对手的宣传攻势下，消费者很快就会意识到产品是一样的。这样价格战、市场细分同样能夺取脑白金的市场份额。

怎么办呢？巨人的策划人员决定采用复合包装，在产品形态上做到了和竞争对手的差异化。加上口服液后，消费者就会明显感觉到和单纯胶囊的产品存在差异；当竞争对手试图说服消费者两者成分一样的时候，因为感受到的产品形态截然不同，就很难获得购买者的认同。

就这样，脑白金通过商标保护、产品形态创新等形成了脑白金的双重保护壁垒，始终将自己培育出来的市场牢牢掌握。现在全球 MT 销量的半数以上为脑白金占据，这种局面是产品创新的直接后果。

2. 促销创新：登峰造极的“新闻广告”

脑白金面世的时候，保健品行业刚刚遭遇“三株垮台”“巨人倒闭”的连环事件。整个舆论界、消费者对保健品行业的信心自“鳖精”之后，第二次陷入低谷。

此时消费者对保健品信心不足，传统的营销手段——报纸广告、电视广告促销效果非常差。传统的广告轰炸已经难以奏效。那么应该怎样去说服消费者呢？

经过认真的分析研究，巨人决定选择在报纸做“软广告”，也就是新闻广告。在报纸上刊登新闻广告，早在20世纪80年代“101毛发再生精”就成功运用过，家电企业海尔等也一直在用，这并不是脑白金的创新。脑白金的创新之处是它将新闻广告发展到了登峰造极的程度。

脑白金早期的《98年全球最关注的人》《人类可以长生不老》《两科生物原子弹》等新闻炒作软文，信息量丰富、数字确切具体、文笔轻松夸张、可读性极强。在1998年的时候，读者还习惯看报纸上僵硬模式化的新闻报道，他们看不出那些软文是脑白金的广告，而错以为是科学普及性新闻报道，甚至一些媒体编辑都上当了。

脑白金的新闻广告在南京刊登时，没钱在大报上刊登，就先登在一家小报上，结果南京某大报竟然将脑白金的软文全文转载。脑白金软文的质量，由此可见一斑。也正是登峰造极的新闻手法，让消费者在毫无戒备的情况下，接受了脑白金的“高科技”“革命性产品”等概念。

脑白金在促销方面的创新，无疑是非常引人注目的，以至于很多企业都以为脑白金就是依靠单纯的广告炒作起来的。而实际上，即使在渠道管理、财务控制上，脑白金也有颇多建树。

3. 渠道管理：让经销商成为配货中心

脑白金启动的时候，采用了一种非常独特的渠道策略。脑白金在省级区域内不设总经销商，在一个城市只设一家经销商，并只对终端覆盖率提出要求，因为不设总经销商，就让渠道实现了“扁平化”，尽管公司内部办事处分为省级、地级，但各地方经销商相互间却没有等级之分。一方面，将一个经销商的控制范围限制在一个地区、一个城市，避免了经销商势力过大对企业的掣肘；另一方面，一个城市只设一家经销商，保证了流通环节的利润，厂家与经销商的合作关系变得更加紧密。

在功能分配上，经销商只负责铺货、配货，其他的终端包装、终端促销、广告投放等，均由脑白金设在各地的办事处负责。在这种模式下，经销商的作用已经非常有限，实际上仅起到一个配货中心的作用。

脑白金在进入某一市场之初，还采用倒做渠道策略，即先在报纸上投放广告，让消费者到终端点名要货，这样就大大降低了渠道开拓及铺货的难度。脑白金的现款现货政策，也和倒做渠道策略有关。

4. 管理创新：财务扁平化控制

在巨人脑黄金时代，巨人采用的是分公司制度。各地的销售分支机构均有财务权，现金流需要经过分公司。脑白金启动后，为了杜绝公司财务独立可能带来的财务风险，不再设分公司，而只设办事处。

在分公司制度下，分公司的费用控制管理难度很大。脑白金则采用了纯粹提成制来控制费用，根据办事处的产品销量、完成任务情况等，提取一定比例作为其行政费用，办事处独立核算，自负盈亏。

在广告费用控制上，总公司统一为各办事处规定当地媒体折扣率（比较低），要求办事处经理必须按照总部规定的折扣率和媒体达成协议，不足部分由办事处的提成来支付。

在脑白金的管理创新上，其本质是财务控制方面的创新，即通过总部直接和经销商、媒体对接现金来往，砍去了销售分支作为现金流转中间站的作用，又从根本上避免销售分支可能带来的"携款潜逃""挪用公款"等财务问题。

在对经销商的政策上，脑白金采用现款现货，加快了现金流转率（这种极端的策略是中国企业缺乏信用的明证，虽然非常安全，但却是以牺牲经销商利益、降低销售额为代价的）。这种以财务控制为核心的管理方法，和联销体是不能分离的，两者相辅相成，现在已经成了很多消费品企业的主流模式。

二、集中优势兵力

1."滚雪球式"[①] 的扩张方式

脑白金在启动市场期间，不是大面积启动，而是以点带面。在试销找到成功营销模式以后，市场进入快速扩张阶段。但这时候，史玉柱仍然强调的是"集中优势兵力，各个突破"。以福建省为例，当时总部只派了一个销售经理到福建，总部提供的启动资金数目不超过20万元，用这么少的资金怎么启动全国市场呢？其只有遵循"集中优势兵力，各个突破"原则。

福建省的办事处经理接到任命后，先到漳州开拓市场，开拓漳州成功后，利用漳州赚来的钱启动厦门市场，然后再逐步启动福建各个城市。先集中全部资金于一个城市，然后再逐步扩张的这种启动市场的方法，虽然启动速度比较慢，却最大限度地保证了营销目标的实现。

2. 简化管理，专注策划

1999年脑白金在南京办公的时候，一度公司只有10个人左右，却要管理大半个中国的脑白金销售，这看似不可能的事情，却是事实。

能够做到这一点，一方面是因为当时脑白金的市场在快速膨胀，每个月销售额都在上涨，士气很高。另一方面，也是最重要的，还是脑白金独特的管理方法。前面已经介绍，脑白金采用的是区域市场分封制度，在这种制度下，总部除了考核销量、价格、终端等，对于办事处的人事、财务等管理基本上不加干涉。这样总部的职能就变得非常简单，它不是一个管理中心，而只是一个单纯的结算中心和策划中心。因为脑白金把大部分的管理职能都"打包"给了省级经理，总部有限的人手只

① 滚雪球式：所谓滚雪球效应，就是指一旦获得了起始的优势，雪球就会越滚越大，优势会越来越明显。比喻积少成多，优势逐渐强大。

需要做好结算和策划。所以 10 个人也能顶起半个中国的市场。

3. 巨额广告炸出礼品概念

脑白金转变成礼品是一次偶然的机会提出来的。当时脑白金资金不足，便随便请了老头老太太花了 5 万元拍成了第一个送礼广告。播放后，销量立即急速上涨。他们发现保健品作为礼品的市场机会后，立即调整策略，从功效宣传为主转向礼品宣传为主。

2000 年脑白金销量超过 12 亿元，其中礼品的贡献可能在 50%左右。到了 2001 年，脑白金礼品的销售额则超过了预计市场销售额。这么高的礼品比例靠的是什么呢？——广告轰炸。

为了能够成为第一，脑白金在送礼广告上投入了巨额广告费。所以每到过年、过节，脑白金的“收礼只收脑白金”就会看得电视观众直反胃。因为广告打得太多，又总是简单重复，连史玉柱自己都说老头老太太的送礼广告“对不起全国人民”。这种策略虽然为脑白金引来诸多非议，但实施的效果非常好。因为广告投放集中、诉求单一、强度非常大，脑白金占据的送礼市场份额远远超过了其他保健品的份额。

三、低成本快速扩张

脑白金的启动资金不多，但在两年的时间内，竟然基本上启动了全国市场，实现了 12 亿元的年销售额，不能不说是一个营销奇迹。脑白金的成功集中体现了“低成本快速扩张”的原则。为了能够低成本快速扩张，史玉柱可谓想尽了一切办法。在脑白金启动时期的种种行为上，不难发现其踪迹。

1. 试销用了一年时间

脑白金的成功，很大程度上得益于健特公司进行过很长时间的试销工作。为了找到一个成功的营销模式，史玉柱率领部下进行探索的时间超过了一年。试销工作先后在武汉、江阴、常州等地进行，其间尝试过种种办法，网上有种说法是脑白金甚至有尝试过学习安利的营销模式。

试销的过程中，连产品的剂型也做了重大调整。脑白金的剂型最初只是简单的胶囊，后来在试销中发现，中国的消费者更喜欢“放在手上沉甸甸”的口服液，因而脑白金增加了口服液，变成了胶囊和口服液的复合包装。结果不但受到了消费者的偏爱，独特的复合包装产品形态还对跟进产品形成了竞争壁垒。

为什么脑白金这样重视试销呢？道理很简单，成功的试销能够大幅度减低营销成本、加快市场开发进程，试销是实现“低成本快速扩张”的必由之路。正因为这样，史玉柱带领部下进行了长达一年多的试销工作。

2. 采用新闻广告

脑白金启动市场期间，最重要的促销手段就是在报刊上刊发新闻广告，为什么要采用新闻广告呢？首先是为了增加广告的可信度，但归根到底，却是为了降低促销成本。

为了降低促销成本，就必须提升广告可信度，增加广告的杀伤力，改善促销效果。为了做到这些，在当时的市场状况下，也许新闻广告是最好的选择，甚至是唯一的选择。

实际上，广告投放后，市场反应也确实非常理想。脑白金在很多地方启动时，往往广告投放的头一个月就能达到 1∶1 的投入产出比例，第二个月就能盈利。这种促销手段成本之低、效果之好，令人叹为观止。

3. 承包制控制成本

有销售分支的公司都存在控制分支费用的任务。“将在外，君令有所不受”①，很多时候销售分支的费用很难加以有效控制。但如果不加控制，那么公司的利润就会被种种“跑冒滴漏”的现象侵蚀掉，一个运行健康的公司也许能够经受得住这种侵蚀，但在启动之初，脑白金是没有实力为这种行为买单的。

如果无法控制销售分支的费用，不能低成本运作销售分支，脑白金就无法快速启动全国市场。为了控制销售分支的费用，史玉柱的对策是采用完全的销售大区“分封制”销售模式分支机构的费用除了部分终端费用，其他的费用全部来自固定比例的销售提成，销售办事处独立核算、自负盈亏。这种措施彻底解决了销售分支费用无法有效控制的难题，从而脑白金能够用比较低的成本，快速扩张市场。

——本案例来源于夏清明的《市场营销学》

问题思考：

1. 案例中提到“中国众多企业成功的共同法则”，你认为是什么？

2. 脑白金在运用这些共同法则时有哪些创新？

四、课后思考题

1. 从企业发展的角度看，为什么大多数企业都倾向于采取发展战略？

2. 纵向一体化战略和横向一体化战略各有何利弊？

3. 在实行多样化战略时，公司的业务是否越多越好？如何确定合适的多样化程度？

4. 企业市场营销战略规划过程分为几个步骤？每一步骤的内容是什么？

5. 如何理解将企业任务表述由“销售各种各样的化妆品”改为“满足人们对美容的需要”的意义？

① 是指将领远征在外可以急作战（胜败乃一瞬间之事，战机不可失），不必事先请战或等待君主的命令再战（如再请命，怕是贻误战机）。

第六章
目标市场营销与竞争战略

一、理论部分

市场细分的含义：市场细分又称为市场细分化，就是企业根据顾客的不同需求，把整个市场分为不同的顾客群的市场分割过程。每一个顾客群就是一个市场细分，亦称“子市场”“分市场”或“亚市场”，各个细分市场是由需要与欲望基本相同的顾客组成的。

市场细分的好处：

（1）有利于企业巩固现有的市场。

（2）有利于企业发现市场机会，选择目标市场。

（3）有利于企业扬长避短，发挥优势，提高企业效益。

（4）有利于企业适时制定和调整营销战略和策略。

市场细分的依据：

（1）消费者市场细分的依据，包括地理标准、人口标准、心理标准、行为标准。

（2）生产者市场的细分依据，包括用户的行业类别、用户规模、用户的地理位置、购买行为因素。

有效细分的条件：可测量型、可进入性、可营利性。

市场细分的方法：单因素法、系列因素法、综合因素法。

目标市场的含义：目标市场是指企业期望且能够开拓和占领的市场，也就是企业愿意并进入或为之服务的顾客群。

目标市场战略：①无差异市场营销，②差异市场营销，③集中市场营销。

选择目标市场战略应考虑的因素：企业资源、产品同质性、市场同质性、产品生命周期阶段、竞争对手的战略。

市场定位的含义：市场定位是指勾画或确立企业在目标顾客群中的形象和地位。

市场定位的步骤：①确认本企业的竞争优势，②准确地选择相对竞争优势，③显示独特的竞争优势。

市场定位的战略：①针锋相对式定位，②填空补缺式定位，③另辟蹊径式定位。

几种主要的定位错误：定位过低、定位过高、定位混乱。

竞争者分析：一是识别企业竞争者，包括产业竞争观念、市场竞争观念。二是竞争者类型，包括从行业的角度划分、从市场方面划分、从企业所处的竞争地位划分。三是确定竞争者的目标与战略，包括竞争者的目标、竞争者的战略、竞争者的优势及劣势。四是判断竞争者的市场反应，包括从容不迫型竞争者、选择型竞争者、强劲型竞争者、随机型竞争者。五是选择竞争对策时应考虑的因素，包括竞争者的强弱、竞争者与本企业的相似程度、竞争者表现的好坏。

基本竞争战略：一是总成本领先战略，二是差异化战略，三是目标集聚战略。

企业发展的主要途径：独立拓展、兼并收购、战略联盟。

战略联盟的形式：技术开发联盟、合作生产联盟、生产开拓联盟、多层次合作联盟。

战略联盟的优势：①有利于缩短新产品开发的时间；②有利于提高规模经济效益；③有利于分摊高昂的开发投资费用；④有利于避免经营风险；⑤有利于确立新的竞争原则。

战略联盟的建立：制定战略、评选方案、寻找盟友、设计类型、谈判签约。

战略联盟的管理：①必须基于双方的需要；②建立合适的组织结构；③保护联盟各方的技术资产；④对战略联盟进行有效的协作管理；⑤发展多方位的联盟关系。

二、案例引入

案例引入1：基于产品整体概念对民办高校进行差异化分析

案例背景资料：我国民办高等教育已经进入市场化阶段。许多民办高校已经建立与市场相适应的运作机制，运用市场营销的理念和策略招生办学。如以市场需求为导向开设新专业，在招生中实施营销策划，借助各种媒体以新闻和广告等形式宣传学校，开始注重品牌建设。

案例：随着经济全球化和教育市场竞争的加剧，民办高校面临来自国内外的挑战。

首先，一些国外著名高校以多种办学形式进入中国教育市场，民办高校面临着国外教育机构强有力的竞争。

其次，与公办院校相比，民办高校的信誉度和知名度较低，又缺少差别优势，在招生和就业两大市场上居于明显劣势地位。

最后，我国民办高校近年来如雨后春笋般发展，许多院校没有长远战略规划，缺乏特色，导致民办高校间竞争纷杂，优胜劣汰成为必然趋势。

可见，在中国教育市场上，民办高校若想获得竞争优势和持续发展，必须与公办高校及在众多民办高校中实行差异化定位，提供差异化服务，采取差异化策略。产品差异化是企业核心竞争力之一。民办高校为社会提供的产品是以教育服务形式体现的。根据民办高等教育需要层次分析，构建民办高校教育服务产品整体概念，提出实现差异化经营策略，有助于提高民办高校的核心竞争力，寻找更多的市场机会和发展空间。

——本案例来源于道客阅读

案例分析要点：产品整体的概念。

案例分析：

产品是指一切能满足顾客某种需求和利益的物质形态产品和非物质形态的服务，是企业满足社会需要的核心形式，企业与市场的关系也是由产品来连接的。现代市场营销从满足用户需求的角度出发认识产品，由于人们对产品的需求内涵会不断扩大，从而使产品概念的内涵也不断扩展和延伸，产品整体概念由此产生。产品整体概念分为三个层次，即核心产品、形式产品、延伸产品。

核心产品是指产品为消费者所能提供的基本效用和基本功能，满足消费者对该产品的基本需要，因而营销者的任务就是要善于发现并揭示隐藏在每一项产品后面的需求，并出售给消费者。

形式产品是核心产品的外在表现，是用户识别和选择产品的依据，通常由品质、特性、品牌、包装、式样等要素来表达，这些方面若与众不同或能进行有效组合，无疑将起到开拓市场的作用。

延伸产品是指顾客购买和享用产品时所获得的一些相关的服务、利益和承诺，满足人们在购买和使用产品时产生的一些附加需求，包括提供信贷、免费送货、担保、安装、售后服务等。在其他条件大致相同的情况下，用户购买意向总是倾向于能给予更完善服务的提供者。

产品整体概念体现以消费需求为核心的市场营销观念。核心产品反映的是消费者购买产品时最基本的需要，确定了产品的本质内涵。广大消费者除对基本效用的需求外，还有更多的异质需求、延伸需求和附加需求，形式产品在表达核心产品本质内涵的基础上，进一步体现消费者对产品的形式需求，延伸产品则是更加深入挖掘更多的附加需求，给消费者带来更大的满足。一般而言，由于同类产品的基本效用或基本功能相同，所以在核心产品层反映的消费者的需求特征基本同质。而在第二和第三层次体现了消费者对于产品的形式需求和附加需求，并且因不同消费者而异。

在这些需求中，总有一些是企业没有能力满足的或企业未发现的，因此，企业产品满足这些需求的差异性较大。产品整体概念中越是向外拓展的层次，其体现的差异性越大。企业应该更多地从产品整体概念的第二、第三层次认识和挖掘消费者的不同需求、延伸需求及其不断变化的特性，根据企业组织战略和特长，从区别于竞争者的角度予以满足实现，进行产品的差异化乃至经营策略的差异化，通过差异化的构建，满足消费者更多的需求，寻找更多的市场机会，创造差别优势，吸引人们购买自己的产品，占有领先地位和扩大市场份额的优势。

案例引入 2：J 牌小麦啤酒案例分析

案例背景资料：国内某知名啤酒集团针对啤酒消费者对啤酒口味需求日益趋于柔和、淡爽的特点，积极利用公司的人才、市场、技术、品牌优势，对小麦啤酒进行研究。

案例：2018 年利用其专利科技成果开发出具有国内领先水平的 J 牌小麦啤酒。这种产品泡沫更加洁白细腻、口味更加淡爽柔和，更加迎合啤酒消费者的口味需求，一经上市，便在低迷的啤酒市场上掀起一场规模宏大的 J 牌小麦啤酒消费的热潮。

一、J 牌小麦啤酒的基本状况

J 牌啤酒公司当初认为，J 牌小麦啤酒作为一个概念产品和高新产品，要想很快获得大份额的市场，迅速取得市场优势，就必须对产品进行一个准确的定位。J 牌集团把小麦啤酒定位于零售价 2 元/瓶的中档产品，包装为销往城市市场的 500 毫升专利异型瓶装和销往农村、乡镇市场的 630 毫升普通瓶装。合理的价位、精美的包装、全新的口味、高密度的宣传使 J 牌小麦啤酒于 2018 年 5 月上市后，迅速风靡本省及周边市场，并且远销到江苏、吉林、河北等外省市场。其当年销量超过 10 万吨，成为 J 牌集团一个新的经济增长点。由于上市初期准确的市场定位，J 牌小麦啤酒迅速从诞生期过渡到高速成长期。高涨的市场需求和可观的利润回报使竞争者也随之发现了这座金矿，本省的一些中小啤酒企业不顾自身的生产能力，纷纷生产小麦啤酒。同一时间市场上出现了五六个品牌的小麦啤酒，而且基本上都是外包装抄袭 J 牌小麦啤酒内在，仍然是普通啤酒，口感较差，但凭借 1 元左右的超低价格，在农村及乡镇市场迅速铺开，这很快造成小麦啤酒市场竞争秩序严重混乱，J 牌小麦啤酒的形象遭到严重损害，市场份额也严重下滑，形势非常严峻。一部分 J 牌小麦啤酒也因此从高速成长期迅速进入成熟期，销量止步不前。而一部分市场由于杂牌小麦啤酒低劣质量的严重影响，消费者对小麦啤酒不再信任，J 牌小麦啤酒销量也急剧下滑，产品提前进入衰退期。

二、J 牌小麦啤酒的战略抉择

面对严峻的市场形势，依据波士顿理论选择维持策略，企业是选择尽量延长产品的成熟期和衰退期最后被市场自然淘汰，还是选择放弃小麦啤酒市场策略，开发新产品投放其他的目标市场，需要决策者进行决策。决策者经过冷静的思考和深入的市场调查后认为：小麦啤酒是一个技术壁垒非常强的高新产品，竞争对手在短期内很难掌握此项技术，也就无法缩短与 J 牌小麦啤酒之间的质量差异，小麦啤酒的口味迎合了当今啤酒消费者的流行口味，整个市场有较强的成长性，市场前景是非常广阔的。所以选择维持与放弃策略都是一种退缩和逃避，失去的将是自己投入巨大的心血打下的市场，而且研发新产品开发其他的目标市场，研发和市场投入成本很高，市场风险性很大，如果积极采取有效措施，调整营销策略，提升J牌小麦啤酒的品牌形象和活力，使其获得新生，重新退回到成长期或直接过渡到新一轮的生命周期，重新成为小麦啤酒的市场引领者。

事实上，通过该公司准确的市场判断和快速有效的资源整合，J牌小麦啤酒化险为夷，重新夺回了失去的市场，J牌小麦啤酒重新焕发出强大的生命活力，重新进入高速成长期，开始了新一轮的生命周期循环。

——本案例来源于百度文库

案例分析要点：产品的竞争。

案例分析：

优势：小麦啤酒是一个技术壁垒非常强的高新产品；产品泡沫更加洁白细腻，口味更加淡爽柔和，更加迎合啤酒消费者的口味需求，有一定的市场基础。劣势：市场不规范，鱼目混珠，使人们对小麦啤酒的信任感下降。

小麦啤酒采取的战略有：一是加强宣传力度，提升消费氛围。从J牌小麦啤酒的技术工艺、口感特点等方面进行宣传，使消费者意识到小麦啤酒代表了啤酒的一种流行趋势，而在鱼目混珠的小麦啤酒市场中只有J牌小麦啤酒才是正宗的，进一步刺激了消费者对小麦啤酒的消费欲望，提升了消费者对J牌小麦啤酒的认可度和忠诚度。二是稳定价格，保证利润。加强价格控制，使其同一批价格始终保持在1.5元以上的坚挺位置，使消费者产生"便宜没好货，好货不便宜"的感觉。由于各环节价格较稳而且局部地区价格趋涨，保证了经销商和终端的利润空间，增强了经销者的信心。三是持续改进产品，向系列化发展。竞争集中在中低档市场，而高档市场还是尚未开发的处女地。应积极组织科技人员对技术进行升级，开发出新一代的J牌小麦王、J牌小麦纯生啤等系列高档产品。四是依法规范秩序，净化市场。给各地区技术监督部门打报告，强烈要求对小麦啤酒市场进行整顿，打击假冒伪劣行为，维护消费者和企业合法利益。

案例引入3：单一品牌策略能成功吗？

案例背景资料：商业经营中，经营者有意无意地遵循着这样一条原则，即柜台上必须摆满各地进来的不同品牌的商品供顾客挑选。英国最大的连锁商店——马狮百货公司（Marks&Spencer）却完全违背了这一经营原则。马狮在全英国自设的250家商店中全部只售卖"圣米高"这一个品牌的商品，但是公司的盈利却雄居英国零售集团的榜首。马狮公司甚至还以每平方米销售额世界第一的纪录载入了《吉尼斯世界纪录大全》。

案例：在马狮下属的商店中只经营"圣米高"这一品牌商品的经营原则是由马狮的前任董事会主席西门·马克斯（Simon Marks）制定的。西门·马克斯在经营中发现：顾客并不需要商店提供一大堆不同品牌的商品来挑选，顾客真正需要的是廉价而又高品质的商品。西门·马克斯认为从制造商那儿采购来的现成的各种品牌的商品往往并不是廉价又高品质的商品。为获得这种价廉质优的商品，马狮公司自己设计产品交付制造商生产并在选料、应用生产技术程序、技术、品质控制、生产工程等方面对制造商加以监督，生产出的产品不采用制造商的商标，而是采用马狮公司自己独立的统一商标“圣米高”。

——本案例来源于百度文库

案例分析要点：产品销售策略的选择。

案例分析：

首先，这种品牌策略能减少顾客挑选商品时的纠结，并使顾客对品牌产生信任感。西门·马克斯认为，顾客对商店中日益增多的不同品牌的商品进行选购时花费了不少的时间与精力，出现了购物决策困难的局面，有时牌子越多越使顾客无所适从，而且品牌增多时，顾客往往认为价高的品牌则质优，但现实中并非如此。马狮采用在统一品牌下进行统一定价，因此，若“圣米高”牌内有同类商品标价不同时，必然只能是因为价高的产品质更优。

其次，采用单一品牌策略能实现规模经济，降低成本。在采用向多个厂家进不同品牌商品的策略下，每种品牌的商品采购量小，自然采购成本高。在统一的“圣米高”品牌下，马狮百货公司可以向同一制造商同时订购大量的产品，因此采购成本大大低于其他的零售商，商品的售价自然也就同步下降。

最后，马狮的单一品牌策略由于保证了产品价廉物美，因此节省了大笔的广告费用，很多其他商标的商品都需要大规模的广告宣传，结果不是利润萎缩就是被迫抬高售价把广告费转嫁给顾客。而且多品牌策略使对手的广告竞争日趋升级，不但令顾客无所适从，还造成了巨大的社会资源浪费。马狮把节约广告费得来的利润以降低售价的方式转给顾客，从而促进了销售量的上升。另外，从成长期来看，单一品牌策略容易使企业创出名牌，形成优势。

案例引入 4：树立大质量观念

案例背景资料：广东有一家生产日用电器的企业，所产电饭煲等产品的主要技术指标均达到了颁布标准。可在一段时间内就是打不开销路，厂长为此非常纳闷。经过调查分析，他终于明白了，以前注重抓产品本身的质量，这无疑是对的，但却忽略了市场需求及产品结构调整，从而忽略了市场营销的质量。因此，难以取得理想的经济效益。与之相反的是，江苏有一家生产收录机的企业，论技术、设备并非国内一流，可他们开发了不同规格、不同档次、不同造型的一系列收录机，并注意售后服务等细节，销售量连续几年名列全国之首。

案例：这个厂就尝到了用“大质量”观念指导产销工作的甜头。广东电器公司吸取过去质量事故的教训，提高了维修服务水平，并且在全国大多数地区设立了维修服务中心，较好地解决了售后问题。

——本案例来源于百度文库

案例分析要点：大质量观念。

案例分析：

大质量观念包括三个层次：内在质量、外在质量和服务质量。企业树立大质量观念是很重要的。传统的质量观念只包含产品的性能、耐用、可靠，而产品的美观适用、服务周到等基本排斥在外，实际上只是大质量层次中的内在质量。这就存在很大局限，从而给现代市场营销带来很大的不利。本例中的广东这家日用电器企业，虽然内在质量、外在质量都抓得不错，但由于忽略了抓服务质量，因而在一段时间内打不开销路。

消费者的需求是多样的，即使是买同一件商品，也存在多种需求。按照传统的质量观念办事，是难以满足这些需求的。就像江苏这家生产收录机的企业一样，论技术、设备并非国内一流，可他们开发了不同规格、不同档次、不同造型的一系列收录机，满足了消费者的多种多样的需求，并注重售后服务，所以销售连续几年名列全国之首。广东电器公司也是这样。大质量是当今市场和未来市场的通行证。有了它，产品在市场上就会处处亮“绿灯”，畅通无阻，没有它，就会连连闯“红灯”，寸步难行。企业要想获取这张“通行证”的“专利”，就必须长期树立大质量观念。

案例引入5：多品牌策略能成功吗？

案例背景资料：没有一种产品是十全十美的，也没有一个市场是无懈可击的。广袤无垠的市场海洋，为企业提供了许多平等竞争的机会，关键在于企业能否及时抓住机遇，在市场上抢占一席之地。见缝插针便是多品牌灵活性的一种具体表现。广州宝洁公司，从洗发水的功能出发及时地向市场上推出了不同功能和不同品牌的洗发水，来满足不同目标市场上消费者的不同需求。多个品牌各自沿着各自的路走入市场。

案例：广州宝洁公司的洗发水有三种品牌：海飞丝（广告词为“头屑去无踪，秀发更出众”）、飘柔（广告词为“令您的头发更飘更柔”）、潘婷（广告词为“拥有健康，头发当然亮泽”）。同为洗发水，各有各响亮的牌子，各有各特殊的用途，可让消费者各取所需。这三种不同品牌的洗发水，沿着各自的路子走入市场，共同提高了企业产品的市场占有率，使产品迅速覆盖了中国大江南北。

——本案例来源于道客巴巴

案例分析要点：多品牌营销战略。

案例分析：

广州宝洁公司在对洗发水的经营中运用了多品牌营销策略。多品牌营销策略是指企业进行产品营销时，对同一产品使用两种或两种以上的品牌，以达到扩大销售总量的一种促销策略，它主要包括两种情况：一是在不同的目标市场上，对同种产品分别使用不同的品牌；二是在同一市场上，对某种产品同时或连续使用不同的品牌。多品牌的实施，要与包装创新策略、广告宣传策略紧紧协调配合，方能产生实际效果。

案例引入 6：销售服务“一、二、三”

案例背景资料：抽油烟机在北京市场可谓琳琅满目，争奇斗艳。北京中南机电设备公司 1991 年 9 月 6 日才正式成立，作为后来者，想在市场上占据一席之地绝非易事。该公司以优质的服务质量吸引了消费者，打开了销路。中南公司的优质服务具体体现在其“一、二、三”售前售后服务方面，即“一个热线电话”“两个跟踪”和“三个免费”。“一个热线电话”是指 24 小时热线服务，公司按电话登记日期一周内送货上门。“两个跟踪”是指质量跟踪和服务跟踪。质量跟踪是指建立用户档案，随时接受用户信息。服务跟踪是跟踪安装、维修和清洗人员的服务质量，用户在上门服务卡中各栏签署意见。若用户不满意，扣除技术服务人员 10 倍计件工时。“三个免费”是指免费送货上门、免费安装、免费终身维修。

案例：8 月份有 4 家用户因油锅烧伤和抽油烟机破损的事件发生，经维修后小件免费，大件只收材料费。从当年 7 月份开始，中南公司又增加了免费清洗服务，抽油烟机安装一年后可享受上门免费维修清洗服务。

——本案例来源于百度文库

案例分析要点：销售服务。

案例分析：

中南公司提供服务的高明之处在于把经营业务主动延伸了。这样做既补偿了因产品质量问题给消费者造成的损失，又可以使企业及时了解消费意向，为提高和改进产品质量提供准确可靠的依据。这样做，还强化了企业在消费者心目中的信誉。从经营效益的角度讲，这个销售服务“一、二、三”也是一个有远见的投资。售后服务对象都是潜在的“回头客”，有的还将自己的感受和评价在一定范围内扩散，起到了活广告的作用。这种连锁反应，无疑提高了企业的经济效益。

案例引入 7：有个性才有市场

案例背景资料：新建成投产的上海华宝羊毛衫时装公司，以“标新立异、避免雷同”作为其经营宗旨。在公司兴建之初，就设巨奖向广大消费者征集服装款式设计，并派出大批信息员深入许多城市了解市场情况，防止自己的产品设计与人家的款式、面料、色彩重复，就连品牌也别具一格，起名为“阿拉”（上海话“阿拉”即“我”），通过这样充满个性的追求，登台不久的“阿拉”牌羊毛衫便在市场上争得了一席之地。

案例：瑞士有一制表商，摒弃采用传统的金属材料和塑料，首选石料做表壳，凭借石料不可能造出两个完全相同的表壳的特性，生产出花色各异的“石表”，以每只 195 美元试销，一举成为轰动西方市场的抢手货。

——本案例来源于《网络营销案例分析》

案例分析要点：个性消费。

案例分析：

应当看到，很多消费者对于自己拥有的某些商品，都希望是“人无我有”，以充分展示出一个与众不同的自我。这就是消费者普遍追求新、异、奇特商品的深层次的心理因素，也是一种消费共性。由此可以说，经营者赋予产品个性，就是在适应和满足消费共性。越是能使消费者展示出自我个性的产品，就越能赢得消费者。

这两家企业的经营特点就是赋予产品个性，因此获得了成功。在现代市场竞争中，制胜的因素日趋复杂，仅依靠产品价格、质量和服务的威力已远远不够，而依靠产品引起消费群体强烈的心理共鸣，其作用却越来越大了。企业唯有使自己的产品在质优、价廉、服务好的同时，又能像演员一样，具有不同的个性，不断以鲜明独特的形象投身市场舞台的演出，才能促进销售，牢牢掌握竞争制胜的主动权。

三、课后案例引入

课后案例引入：九阳公司“豆浆机”

山东九阳小家电有限公司是一家新兴的小家电专业企业。九阳公司成立于1994年10月，为山东省高新技术企业、国家大豆行动计划示范企业。其中拳头产品九阳豆浆机被列为省级星火计划项目，九阳商标被认定为山东省著名商标。九阳公司的拳头产品九阳牌系列家用豆浆机拥有23项国家专利，为豆浆机行业第一品牌，九阳公司目前已成为全球最大的豆浆机制造商。

九阳豆浆机从一面市即受到广大消费者的喜爱和欢迎，产品畅销全国，并远销日本、美国、新加坡、印尼、泰国等海外20多个国家和地区，年销量突破百万台，年产值达几亿元。目前，九阳已在全国地市级以上城市建立了200多个服务网点，做到了凡是有九阳产品销售的地区均有九阳的服务机构，并在行业内率先在全国大部分城市实行了上门服务。现在，九阳公司主要致力于新型家用小电器的研制、开发、生产与销售，主导产品有九阳全自动家用豆浆机、电磁炉、开水煲，果汁机、电火锅等系列小家电。

2000年4月，“国家大豆行动计划”领导小组将九阳公司列为行业内唯一“国家大豆行动计划示范企业”。2001—2003年，九阳豆浆机连续被国家统计局中国行业企业信息发布中心认定为“全国市场同类产品销量第一名”，2004年5月，九阳公司荣获中国最具发展潜力的中小企业“未来之星”称号。

1994年，工程师王旭宁发明了集磨浆、滤浆、煮装等诸功能于一身的九阳全自动豆浆机。这一年王旭宁下海创建九阳公司，追随他的是和他一样年轻的北方交通大学（今北京交通大学）的师兄弟们。这一年也被九阳人自豪地称之为“九阳元年”。不起眼的九阳公司最初选择的同样是不起眼的产品豆浆机。齐鲁大地这块沃土是豆浆机的诞生地。它的出现是豆浆制作方法的一次革命，结束了中国人过去一直用石磨做豆浆的时代。

新产品的生产者必须耗费大量力气去培养消费者的消费习惯。1994 年第一批 2 000 台豆浆机生产出来。当时很多商场别说认同你的产品，就是见也没见过。想进去卖要费很多周折，讲解、演示，还要托人，于是，这批豆浆机堆在库里无人问津。正当九阳人心急如焚之际，却发生了一件事，被九阳的创业者们称作九阳公司的第一个标志性事件。

1994 年 11 月，在《齐鲁晚报》上紧贴在通栏广告上方出现一列 1 厘米高的宣传九阳豆浆机的反白长条补缝广告，花钱不多，效果却出奇的好。补了几次缝下来，到 1995 年春节前，2 000 台豆浆机便销售一空。1995 年，九阳豆浆机的销量突破了一万台。自此年轻的九阳深深感知到宣传的重要性。要想让消费者真正认同豆浆机，公司必须从宣传大豆及豆浆对人体的益处做起。自那以后，九阳宣传大豆与豆浆营养知识的软文广告开始席卷全国媒体，前后与其合作的媒体有 500 家之多。从与报刊共同推出专栏宣传豆浆的健康功效，到参与央视《夕阳红》栏目活动，再到“国家大豆行动计划”的推广，继而在央视《东方时空》和《开心辞典》投入品牌广告，九阳豆浆机的市场宣传策略已从“引导消费豆浆”转移到“引导消费九阳豆浆机”。九阳不但在市场中活了下来，并且带动发展起了一个新兴的豆浆机行业。

每年占销售收入 20%~30% 的研发投入，强大的营销网络的支持，支撑起了九阳行业内第一品牌的地位。刚问世时，豆浆机的缺点一点不比优点少：一煮就糊，粘机且清洗困难，电机工作不稳，返修率高等。不突破技术障碍，豆浆机必被淘汰出局。要生存下去，九阳就必须不断完善技术，进行技术革新。九阳的发展壮大过程，也是技术创新过程。1994 年，九阳创新地将电机进行上置式安装，1996 年，九阳发明了“外加豆”技术；1998 年，针对消费者对豆浆机清洗困难的反馈新创了“智能不粘”的技术；2001 年，“浓香技术”产品在九阳研发成功并投入规模化生产。2001 年 8 月，九阳豆浆机荣获中国首届外观设计专利大赛二等奖。2001 年 10 月，荣获首届中国企业“产品创新设计奖”优秀奖，2003 年 12 月，九阳豆浆机 JYDZ-17、电磁炉 JYC-24E、JYC-21D 三款产品荣获中国工业设计“奥斯卡奖”，2001 年 4 月荣获“中国专利山东明星企业”称号。

2001 年 8 月，荣获山东省第六届专利奖金奖，至今，九阳牌系列家用豆浆机拥有几十项国家专利。到 1997 年年底，九阳公司省内外的办事处已达 10 家，有 200 多家经销商，由于销售采取总经销制，加之总部的宣传支持，公司销售收入逾千万元，完成了最初的原始积累。1998—1999 年，九阳优化了自己的销售网络，对经销商加以筛选，同时加大了管理力度，销售网络优化效果很好，利润增长明显。

进入 1998 年，九阳渡过了最艰难的创业开拓期，实力渐强。九阳豆浆机一机风行，引发了投资者效仿的热潮，一时间，全国各地如雨后春笋般新生了 100 余家豆浆机，生产企业有规模成气候的如福建的迪康，广东的科顺、雄风，河南的田山等。

2001 年 6 月 18 日，荣事达在沈阳宣布全面进入小家电市场，并声称要在两年内成为豆浆机的主导品牌，10 天之后，美的公司也宣布斥资 3 000 万元进入豆浆机领域，豆浆机公司随即成立，并计划年内生产力达到 15 万台，进入行业前两名。其他曾进入豆浆机行业的大家电企业，还有海尔、澳柯玛等。

作为豆浆机行业的主导品牌，九阳面对纷至沓来的激烈竞争，并未显得手忙脚乱。他们在 2001 年度投入大量科研经费，研发了全新的专利“浓香技术”，推出九阳小海豚浓香豆浆机，迅速畅销全国。在品质管理方面，除进行常规的各项生产检验外，还单独成立了多个实验室，如电机实验室、成品实验室等，对关键配件和整机进行全面实验检测。2001 年，九阳豆浆机销售量达 160 万台，九阳通过在技术方面不断推陈出新，远远甩开了竞争对手，这是九阳在豆浆机行业市场上市场占有率始终维持在 80%以上，销量年年第一的法宝。在保持快速技术创新的同时，九阳公司根据形势做出战略调整，为了在新技术、新材料、新工艺等方面赶上潮流，同时降低制造成本，在北方驻守近十年的九阳决定将公司的研发和制造重心南移，利用当地丰富的 OEM 资源，将研发、制造和销售三个重点减为两个重点，其中的制造环节将慢慢淡出，2003 年九阳营业额近 3 亿元，其中 2 亿元来自豆浆机。

豆浆机毕竟是小家电的边缘产品，即使占有 80%的市场，也觉得自己的那一块蛋糕太小，全国大约只有 3 亿元的市场，固守着豆浆机这一单一产品，很难让企业实现持续的快速增长，九阳想做的是“小家电第一品牌”，于是继豆浆机之后，九阳 2001 年进入电磁炉行业，九阳人想通过电磁炉再现成功的一跃，九阳电磁炉自上市以来也取得了不凡业绩。2003 年 3 月，九阳电磁炉荣获“全国市场同类产品六大畅销品牌”。2003 年度九阳位居全国电磁炉行业前两名，成为电磁炉行业主导品牌。

——本案例来源于夏清明的《市场营销学》

问题思考：

1. 什么因素使九阳豆浆机长时间占据市场领导地位？
2. 九阳公司针对大量的市场挑战者和市场追随者是如何应对的？

四、课后思考题

1. 多元化战略的理论知识有哪些？
2. 什么是销售服务的理念？
3. 如何树立大质量观念？
4. 如何进行产品销售策略的选择？
5. 多品牌战略是好是坏？
6. 什么是产品整体概念？
7. 怎样打造个性化产品？
8. 如何建立产品竞争优势？

第七章
产品策略

一、理论部分

人们通常理解的产品是指具有某种特定物质形状和用途的物品，是看得见、摸得着的东西。这是一种狭义的定义。产品整体概念包含核心产品、形式产品、期望产品、延伸产品、潜在产品五个层次，而市场营销学认为，广义的产品是指人们通过购买而获得的能够满足某种需求和欲望的物品的总和，它既包括具有物质形态的产品实体，又包括非物质形态的利益。产品整体具有多方面的指导意义：有利于贯彻实施以消费者为中心的营销思想；有利于产品的完善，增强竞争能力；有利于产品的最终实现。

产品分类：①按照消费者的购买习惯分（便利品、选购品、特殊品、非渴求品）；②按产品的耐用性分（耐用品、非耐用品）；③按产品的有形与否分（有形产品、无形产品）。

产品生命周期指的是产品的市场生命，与产品的自然生命是两个不同的概念。根据产品在生命周期内销售额和利润的变化，一般可以分为四个阶段：导入期、成长期、成熟期和衰退期。导入期的特征：只有少数企业生产，市场上竞争者较少；消费者对新产品尚未接受，销售量增长缓慢；产品技术、性能不完善，价格偏高；分析渠道未建立健全；需做大量广告宣传，推销费用大；企业生产批量小，试制费用大，产品成本高；产品获利较少或无利可图，甚至亏损。导入期的营销策略：产品策略、价格策略（迅速撇脂策略、缓慢撇脂策略、迅速渗透策略、缓慢渗透策略）。成长期的特征：消费者对产品已经熟悉并接受，销售量迅速上升，一般来说，销售增长率超过10%；产品已基本定型，生产规模下降，企业利润不断增加；同行业竞争者纷纷介入，竞争趋向激烈。成长期的营销策略：产品策略、价格策略、渠道策略、促销策略。成熟期的特征：产品的工艺、性能较为完善，质量相对稳定，产品被大多数消费者接受；市场需求趋于饱和，销售量增幅缓慢，并呈下降趋势，一般来说，销售增长率在1%~10%；企业利润达到最高点，随着销售量的下降，利润也开始逐渐减少；市场上同类产品企业之间的竞争加剧。成熟期的营销策略：产品策略、价格策略、渠道策略、促销策略。衰退期的特征：产品销售量由缓慢下降变为迅速下降，销售增长率出现了负增长；消费者对该产品的兴趣已完全转移到新产品上；产品价格已降到最低点，多数企业无利可图，竞争者纷纷退出市场。衰退期的营销策略：放弃、维持、榨取。产品生命周期的变异：循环—再循环、扇型、风格型、时尚型、热潮型。

新产品开发策略是一个广义的新产品概念，具体包括新发明产品、改进的产品和新的品牌。新产品可分为四类：全新产品、换代产品、改进产品、仿制产品。新产品开发的意义：①新产品开发是企业生存与发展的要求；②新产品开发是消费需求变化的要求；③新产品开发是科学技术发展的要求；④新产品开发是市场竞争的要求。新产品开发的程序：新产品的构思、新产品构思方案的筛选、产品概念形成与预试、初拟营销规划、商业分析、产品研制、市场试销、商业化（投放时机、投放地区、目标市场、营销组合策略）。新产品扩散指的是新产品上市后，随着时间的推移不断地被越来越多的消费者采用的过程。新产品采用者的类型：创新采用者、早期采用者、早期大众、晚期大众、落后采用者。新产品扩散过程管理包括：①在导入期尽快打开局面；②在成长期实现销售额快速增长；③在成熟期产品全面占领市场；④长时间维持一定水平的销售额。

产品组合策略指的是企业生产或经营的全部产品线和产品项目的有机组合方式，又称产品结构。产品线又叫产品大类，是指密切相关的满足同类需求的一组产品。产品项目是产品组合的一个基本单位，指产品线中不同品种、规格、款式、价格的具体品种或产品。企业产品组合可以从宽度、长度、深度和关联度四个维度进行分析。产品组合的优化调整：一是扩大产品组合（扩展产品组合的宽度、加强产品组合的深度）；二是缩减产品组合（缩减产品系列、减少产品项目）；三是产品线的延伸（产品线向上延伸、产品线向下延伸、产品线双向延伸）。

品牌是用以标识一个或一群营销者的产品或劳务，并使之与竞争对手的产品或劳务区别开来的一种名称、标志、图案、符号、设计或者是它们的组合运用。品牌代表着销售企业对交付给消费者的产品特征、利益和服务的一贯性承诺。品牌作用包括：品牌对于企业的作用（存储功能、维权功能、增值功能、形象塑造功能、降低成本功能）；品牌对于消费者的作用（识别功能、导购功能、降低购买风险功能、契约功能、个性展现功能）。品牌策略包括：品牌化策略、品牌归属策略（制造商品牌、中间商品牌、制造商与中间商品牌混合使用）、品牌数量策略（统一品牌、个别品牌、分类品牌、企业名称与个别品牌名称混合使用）、品牌战略决策（产品线延伸、品牌延伸、多品牌策略、新品牌）及品牌重新定位决策。

产品包装指的是产品的容器或外部包装物，是产品整体概念中的形式产品，是产品整体中很重要的一部分。包装有以下几个方面的作用：保护产品使用价值；便于运输、携带和储存；美化产品，促进销售；增加利润。产品包装设计的基本要求：保护产品，造型美观；经济实用；与产品的价值相符合；显示出产品的特点；文字设计一目了然；符合销售地的风俗习惯。产品包装的策略：类似包装策略、等级包装策略、组合包装策略、再使用包装策略、附赠品包装策略、改变包装策略。

二、案例引入

案例引入 1：卡夫食品 Kraft Foods

案例背景资料： 卡夫食品有限公司（Kraft Foods，简称卡夫）是全球第二大食品公司，在全球 145 个国家开展业务，是菲利普·莫里斯公司旗下的子公司之一，在全球聘用六万多名员工。卡夫公司的四大核心产品系列为咖啡、糖果、乳制品及饮料。卡夫在超过 70 个国家开展业务，其产品在全球 150 个国家有售。卡夫北美及卡夫国际两个单位分别管理美国及加拿大市场以及欧洲及发展中国家市场。2015 年卡夫与亨氏合并成为全球第五大食品和饮料公司——卡夫亨氏公司。

案例： 2010 年 1 月，世界金融界传出了一个震惊的消息，英国吉百利食品有限公司董事会终于同意接受全球第二大食品公司卡夫递上的收购要约，全球第二大食品公司卡夫终于如愿和英国糖果业巨头吉百利走到了一起。

——本案例来源于百度文库

案例分析要点： 产品组合策略。

案例分析：

从卡夫的主线产品组合中我们不难看出，卡夫深耕于食品饮料行业，在产品组合中实现了具有强相关性和深度挖掘同类产品的战略目标。卡夫一系列的缩减产品组合策略在后期被证明是正确的决策。卡夫核心产品为饼干，以夹心/非夹心、甜味/咸味等属性细分了饼干市场，以满足顾客在饼干这一单一食品中的各种需求。卡夫使用缩减产品组合的战略，集中资源和技术力量改进饼干产品的品质，提高旗下产品商标的知名度；使生产经营专业化，提高生产效率，降低生产成本。同时，卡夫收购达能饼干业务，将达能在市场上具有竞争力的品牌收于囊中。卡夫与亨氏合并将其产品归入旗下，在食品行业提高了品牌市场占有率。这就是卡夫采取的产品组合扩大策略。

案例引入 2：“老板杯”为何滞销？

案例背景资料：“老板杯”滞销的原因一方面是供过于求，起初是浙江杭州某家企业别出心裁，制造生产这种茶杯，并广而告之该茶杯为老板身份的象征，尽管价格高，但毕竟是新生事物，故而销路一时看好。该公司净赚了 7 000 万元。但接下来，其他厂家纷纷生产此杯造成生产过剩。另一方面是价格昂贵。区区一只茶杯，其功能仅仅是喝水之用，普通百姓难以享用。知晓商品经济的人应该懂得价值规律。商品的价格除了由价值决定外，更重要的是还受供求关系的影响，当供大于求时，商品价格就会下跌，使企业面临亏损，甚至陷入倒闭的危机。

案例：最近，有一些手拎肩背的商贩，走街串户兜售“老板杯”，价格也由起初的二百余元猛跌至几十元，但购买者寥寥无几。一度畅销并被视为老板身份象征的不锈钢老板杯，现在滞销了，而且还导致一大批热衷生产此杯的厂家也纷纷亏损落马。

——本案例来源于百度文库

案例分析要点：新产品开发策略。

案例分析：

创造人无我有、人有我新的产品，走特色化的经营发展之路，这是企业发展兴旺的关键。如果总是步人后尘跟着别人学，就会是被动的。产品要面向大众，面向普通消费层，这是企业发展的基础。千元起点的餐馆、万元起价的精品时装屋可以开，但不能开得太多。在开发新产品时，首先要注重产品的使用功能，其次才是其装饰性。尤其是茶杯这类商品，受供求关系的影响较大。

案例引入3：创了名牌以后

案例背景资料：在市场经济的激烈竞争中，产品是不是名牌往往能决定一个产品甚至一家企业的兴衰成败。产品成了名牌，必定实至名归，名利双收；反之，名不见则利不归。所以我们的企业家从来没有像今天这样注重名牌效应，千方百计地创牌，实施名牌工程和名牌战略。

案例：这是一个与日本人合资经营企业的事情，使人感触颇深。这个企业是专门生产一种外销的名牌旅行包的。合同上规定了有关质量的种种要求，其中一条是：旅行包上每一面缝制的线必须一根到底，不能有接头。有一次，工人在缝制时，有几只旅行包一根线没有缝到底，还差一点点，是拆掉重新缝，还是接上一段？工人问中方厂长，厂长说：“就接一段吧，当心些，不要看出接头的痕迹”。哪知，这几只包在日方代表质量检查时，还是被看出来了。日方代表不禁勃然大怒，责问中方厂长，这批货怎么办？中方厂长说：“在我们中国有个办法，可作为二等品、三等品、处理品卖掉，不吃亏”。然而，日方代表听了，冷笑一声，马上拿起剪刀，将这些旅行包统统拆掉，然后拿到外面化为灰烬。后来，日方代表对中方厂长说：“名牌不能有二等品、三等品，有了二等品、三等品就不是名牌。这个关一定要把好，否则，名牌就垮了”。

——本案例来源于阿里巴巴商友圈

案例分析要点：产品品牌策略。

案例分析：

日方代表面对微有瑕疵的旅行包，毅然掏出打火机，让其付之一炬。这种做法究竟适不适当，仁者见仁，智者见智，可以各抒己见。但我们认为，日方代表爱惜名牌的声誉，对名牌有一种强烈的精品意识和危机意识，确实给人留下了深刻的印象。正因为如此，所以他不搞变通，不搞下不为例，宁可让中方厂长下不了台，也不让二等品、三等品、处理品冒充名牌流入市场，使名牌垮掉。同类厂家中有新的更好的产品投放市场，原来令人羡慕、令人向往的“名牌”只落得令人回味也令人唾弃的“牌名”，被市场无情地淘汰，使人发出“其兴也勃焉，其亡也忽焉”的感叹！要使名牌经久不衰，必须居安思危，慎重如始。而要在胜利的时候保持清醒的头脑，这对任何一个创了名牌后有所成就的企业家都是一个严峻的考验。我们就是要像那位日本代表一样，随时随地想到不让名牌垮了，想到成了名牌以后的路更长。唯有如此，名牌才能长久地给自己带来光荣和财富，而不是懊悔和兴叹。这就是这则案例带给我们的启发。

案例引入 4：商品里的文化味

案例背景资料：企业在开发产品时要根据不同的消费对象、消费特点和消费心理开发出有特色的产品。这样产品在市场上才会受到欢迎，被消费者接受。

案例：近几年，在市场上销售的一些泡泡糖、口香糖里，都装有一本与糖片大小一致的活页认字卡、图文并茂的成语集、幽默画或小型的连环画等。如“小龙人”“星球大战”等，装有这些东西的产品在销售时非常受小朋友们的喜爱。

——本案例来源于百度文库

案例分析要点：产品包装策略。

案例分析：

厂家根据儿童的心理特点和儿童消费的时尚性，开发和生产了一些独具特色的、具有“文化味”的口香糖、泡泡糖，让儿童一边品尝食品，一边阅览“小人书”，从中获得乐趣，吸取知识营养。这一举措，不仅让儿童易于接受，也迎合了家长的消费需求。

三、课后案例引入

课后案例引入 1：产品膨胀：互联网时代的全新产品观

对各式各样的产品来说，互联网时代也许是一个最为残酷的时代。在层出不穷的新技术推动下，市场竞争更加快节奏、高烈度。这其中很多产品倏忽而兴，却又难逃脱倏忽而亡的命运。

由此，有识之士纷纷发出“回归产品为王”的呐喊。产品固然是一切战略和营销的基石，但是，要想重返产品的核心本质，就必须在全新的环境下重新厘清“产品”到底是什么。

那些取得极大成功的所谓“爆品”有一个共同的现象：产品的概念已经呈现膨胀趋势，其内涵与外延的边界日渐模糊。甚至可以说，产品的外延日益渗入内涵之中。之所以会出现产品膨胀，最根本的原因就是技术壁垒日渐羸弱，同质化的产品极度过剩，要想让产品与众不同，在产品的内涵上很难打造出彩之处，只能是“功夫在诗外”，将竞争之火烧到产品的外延领域。

这不但是对身处互联网时代的商业决策者在商业理念上的重大挑战，也是他们在商业实战中必须掌握的重要规律。

褚橙借力于本来生活网于2012年一炮走红，不少商业研究者都将其成功归因于产品本身的力量，也就是“产品为王”。

比如，黄铁鹰教授认为：“二流产品在美国、在非洲是二流，在中国也是二流，互联网解决不了怎么把二流变成一流的问题，这点我是认准了。”他对褚橙开展案例研究后，最终得出的结论是：褚橙是种出来的！言下之意，褚橙绝不是营销做出来的。

针对其他人的褚橙网络营销成功论，黄教授还说，（褚橙在）互联网卖了个小头，弄了个大声音；传统渠道卖了个大头，弄了个小声音。他的依据是：2013年，褚橙在本来生活网卖了1 500吨，而在传统水果销售渠道卖掉了8 500吨。

再如，陈春花教授针对褚橙的成功提出，产品力就是产品的品质，是企业所有内在努力，是战略、技术、结构或者文化等所呈现出的载体。换言之，产品不够好，一切努力都难以有效。

这两位教授的观点显然是传统的产品观。

传统的营销4P（产品、渠道、价格和促销）泾渭分明，产品的内涵非常明确，就是指产品的本体（实体），而渠道、价格和促销只是产品的外延。

但是，人们热烈购买褚橙，真的只是因为这是一颗口感上佳、营养丰富的橙子吗？况且，褚橙的价格居高不下，不但远在国产的其他橙子之上，甚至比某些进口的橙子还要贵。难道就没有其他口感上佳、营养丰富的橙子了吗？

事实上，就在黄铁鹰教授举行的橙子口感盲测中，也发现有和褚橙口感不相上下的其他橙子。所以说，仅仅是产品实体的本身因素，并不足以确保褚橙畅销大江南北。

褚橙之所以受到高度认可，一个重要因素就是产品的内涵膨胀，囊括了实体之外的更多虚拟因素。

云南烟草大王褚时健跌宕起伏、大起大落的人生经历，尤其是他75岁后再度创业东山再起的传奇故事，足以让人排除对他的一切负面认知而集中在其老骥伏枥、壮志不已的奋斗精神上。而这一部分虚拟因素得以灌注产品本体（实体）之内，则得益于基于互联网思维的各种促销方式。

由此可知，人们购买的不仅是一个实体的橙子，而且同时购买了一种奋斗精神。从全新的互联网产品观来看，这两者是虚实结合、不可分割的一个整体。两者互为依存，互为支撑，从而推动了褚橙的热销。

这就是产品的外延内涵趋于一体化的进程。推而广之，我们可以归纳出，产品膨胀实质上就是将传统营销 4P 合而为一的过程，亦即渠道、价格和促销这 3P 从产品的外延，直接渗入产品的内涵之中，融为一个不容分割的整体。

比如锤子手机，如果没有其主导者罗永浩此前多场“一个理想主义者的创业故事”的演讲带来的诸多粉丝和超高人气，锤子手机在一众手机中何以博得远超其本体价值（实体价值）的关注？又何以能比同等配置的其他机型高卖 1 000 元？

很多锤粉之所以购买锤子手机，就是因为罗永浩说的“我不是为了输赢，我就是认真”。缺少了罗永浩所谓的“理想情怀”，锤子手机还剩下什么？

罗永浩在推出首款 TI 手机时，曾经放言：“TI 手机如果低于 2 500 元，我就是你孙子”“我特别反感有的手机厂商在新品上市时定一个高价，之后很快又会降价的做法。我们的这个价格会一直坚持整个产品周期，除非下一代产品上市了，前代需要清理库存了，才有可能降价销售”。

但是，仅仅几个月后，锤子的 3 款手机均降价超过 1 000 元，一向能言善辩的罗永浩在被打脸后反思：“我在网上经常说一些没有什么忌讳的话，作为企业负责人显然是不得体的。”于是，他决定管住自己的嘴巴，不再多说话。

从膨胀产品观的角度来看，罗永浩这样做之后，锤子手机作为一个产品就是不完整的欠缺品。

再如，线上花店 Roseonly，凭借着“一生只送一人”的独特经营理念，一上线就成了火热潮牌。虽然 Roseonly 经营的是原产地为厄瓜多尔的高档玫瑰，但这一产品并不具备独特性，其他的经营者同样也可以进口同一品种的玫瑰。但是，当“一生只送一人”的理念注入产品本体后，Roseonly 的产品就是独一无二的了。

还如，对于在拍摄过程中因车祸去世的主演保罗 · 沃克的怀念与回顾，也是《速度与激情 7》这部绝唱般的影片不可或缺的一部分。

总之，像褚橙、锤子手机和 Roseonly 这样的产品之所以能成为互联网爆品，就在于将奋斗精神、理想情怀、爱情承诺这些虚拟因素注入了产品的实体之中而形成了产品膨胀。

不过，这种虚实合一的产品膨胀，还只是第一层次的产品膨胀。

如前所述，第一层次的产品膨胀是指营销的 4P 合一，但这 4P 都是基于企业或商家内部而言的。而第二层次的产品膨胀则是指内外合一的产品膨胀，即将外部力量导入产品的本体中来。

比如，IBM 推出了一款针对实体零售店的增强现实型的 App 应用，用户只要将移动终端设备的摄像头对准货架上的商品，屏幕上就会在商品画面之外叠加虚拟的商品信息，比如价格及购买者评论等。

在互联网时代，顾客被赋予了前所未有的话语权，购买者的评论正是话语权的体现。按照传统的观点，顾客的评价虽然是针对某一产品而发的，但显然和产品本体是完全区隔开来的。但是，在互联网时代，我们必须认识到，顾客或用户的评价也是产品不可或缺的一部分。我们必须将顾客的评论内化入产品的内涵之中，才有可能用全新的完整产品观来应对市场的竞争。

小米最初推出基于安卓的 MIUI 系统时，就充分利用了用户评价来提升 MIUI 的性能体验。小米在每个周五推出“橙色星期五”活动，发布最新一版的 MIUI 系统，吸引用户试用各种新开发的功能。然后，在下个星期二，收集用户反馈，从中得知用户最喜欢上一周发布的哪些功能，觉得哪些功能不够好以及最期待哪些功能。据小米内部数据，MIIUI 发布 4 年内，共收集到上亿条用户反馈。这些带着体温的评价，不正是 MIUI 产品不可分割的一部分？如果没有这些及时、精准的反馈，MIUI 又怎么能够引爆小米手机？

美国一家叫作 C&Amarketing 的电子商务网站也是膨胀产品观的直接受益者。其独门绝技就是密切关注电商巨鳄亚马逊上的用户评价。当他们看到某个用户在亚马逊的一款音箱产品页面上抱怨说“如果这款音箱能够防水，淋浴时就能不受影响地听广播了”，顿时如获至宝，立即开发出了防水音箱，并将其投放市场，同时不间断地关注用户的反馈，加以改进，最终开创了防水音箱这个新的产品门类。显然，如果没有用户反馈，就根本不会有防水音箱这个产品。

总之，在第二层次产品膨胀中，产品不再是一个固化的物件，而是一个内外合一的动态过程。显而易见的是，在互联网时代，产品生命周期已经被粉丝生命周期取代，静态不变的产品根本无法立足生存（关于粉丝生命周期的详细论述，参见《销售与市场》2014 年 12 期《粉丝迷恋周期：小苹果的风刮走了》）。

就无形的产品——服务而言，这更加不是某一个有着明显时空边界的环节，而是一个延展的全流程。

最典型的例子就是电影和紧随其后的影评。这两者合一才是一个完整的电影产品。精彩到位的影评不但能鼓动观众前往影院，还能帮助更多的人了解、理解影片中的精妙之处或糟粕所在。

总而言之，在互联网的极速冲击下，固化的产品观不可避免地要与时俱进，向着外延的内涵化或外延内涵一体化的方向演进，向着动态延展的方向演进。产品膨胀或许是这个时代最有可能的安身立命途径。

——本案例来源于夏清明的《市场营销学》

问题思考：

1. 互联网时代产品的整体概念与传统的产品整体概念有何不同？
2. 互联网时代的产品观给企业的启示是什么？

课后案例引入 2：百威啤酒的产品包装创新

消费者在选购啤酒时，除了质量和口感外，包装也是一个重要的考虑因素，因为包装能从一方面体现出品牌的整体形象。世界畅销啤酒品牌——百威对于这一点谙熟于心。为了保证每一箱、每一瓶、每一罐百威啤酒都拥有从内到外的卓越品质，“啤酒之王”百威始终通过不断改良的优质包装来进一步提升其品牌形象。

百威啤酒长期以来注重产品包装的创新，并以其在包装上所体现出来的丰富创意闻名于世。百威（武汉）国际啤酒有限公司秉承了这一传统，不断在包装上推陈出新，为中国消费者提供更多选择：1997 年的压花玻璃小瓶装百威，1999 年的大口盖拉环罐装百威，2000 年的 4 罐便携装百威和随后推出的 500 毫升装，百威在包装上的每一个创新都为中国消费者带来惊喜。其中 700 毫升装和 500 毫升装更是针对中国的啤酒市场特别推出，充分显示了百威对中国消费者的高度重视。

除整体包装外，百威对包装的各个细节也不断进行完善和创新。1998 年百威推出可显示啤酒最佳饮用温度的温度感应锡箔标签；2000 年年初百威对标签重新设计，全新的标签在金色叶片的衬托下更显高贵；2000 年 12 月，百威又对瓶身标签的文字进行了修改，以方便消费者阅读。所有这些对包装细节的精益求精无不体现出百威对产品质量的不懈追求。

在酒瓶的选择上，自 1997 年中国啤酒瓶国家标准要求使用“B”瓶（啤酒专用瓶）包装以来，百威就一直严格遵照执行。此外，百威不使用回收瓶，并为百威专用酒瓶制定了非常严格的检测标准。全新的玻璃瓶无异物、无油污、无杂质，干净卫生，充分保证了百威啤酒的纯正口味和新鲜程度。在每次使用前，百威还要对所有啤酒瓶进行抗内压力检测，以最大限度地减少瓶爆现象。百威的瓶盖垫全部从美国和德国进口，并经过特别密封和风味测试，确保无任何异味后方投入使用。

百威的与众不同还体现在其对高强度耐压纸箱的使用。同一般啤酒商使用塑料箱外包装不同，百威从 1998 年起就开始使用高强度耐压纸箱外包装。这种保护力强、高质量的多重包装保证了百威啤酒瓶不会裸露在外，避免啤酒口味因阳光的直射而被破坏，从而确保了百威啤酒的新鲜程度。这样，消费者品尝到的百威啤酒就和它出厂时的口感一样清澈、清醇、清爽。

此外，对所有为其生产易拉罐和啤酒瓶的供应商，百威都一律实行严格的资格审核，包括房及生产工艺技术、抽样检测产品，甚至对每个原材料进行审核等。即使是在对方获准成为百威的供应商后，百威仍保持对他们实行严格的管理措施。

优质的包装与卓越的品质紧密相连，体现了百威不懈进取、精益求精的企业精神。正是这种对每一个细节追求完美的工作态度，成就了百威在中国啤酒市场上的领先外资品牌地位。百威还将继续努力，在包装上不断改良和创新，将更高品质的百威啤酒奉献给广大的中国消费者。

——本案例来源于夏清明的《市场营销学》

问题思考：

1. 请分析产品包装的创新对百威啤酒经营的影响。
2. 请分析百威啤酒的包装策略有哪些。

四、课后思考题

1. 什么是产品整体概念？产品整体概念的意义是什么？

2. 什么是产品生命周期？产品生命周期各阶段有何特征？其营销策略是什么？

3. 什么是新产品？新产品有哪些类型？如何开发新产品？

4. 什么是产品组合？产品组合的宽度、长度、深度和关联对企业的营销活动的作用是什么？

5. 品牌决策的内容有哪些？

6. 包装的策略有哪些？

第八章
定价策略

一、理论部分

定价目标以企业营销目标为基础，是企业选择定价方法和制定价格策略的依据。企业的定价目标也有多种：以获取利润为定价目标、以扩大销售为定价目标、以市场占有为定价目标、以改善形象为定价定价、以应对竞争为定价目标。影响企业定价的因素：产品成本、需求弹性、竞争者价格、其他因素。

定价方法是指企业为实现其定价目标所采取的具体方法。企业定价的基本方法可分为三类：成本导向定价法、需求导向定价法和竞争导向定价法。成本导向定价法是一种主要以成本为依据的定价方法。它包括成本加成定价法、售价加成定价法和目标利润定价法。成本加成定价法是指按照单位成本加上一定百分比的加成来制定产品销售价格。售价加成定价法是指以产品的最后销售为基数，按销售价的一定百分比计算加成率，最后得出产品售价。目标利润定价法是指根据企业所要实现的目标利润来定价的一种方法。需求导向定价法是指依据买方对产品价值的认知或感受以及需求强度来定价，而不是依据卖方的成本定价。所谓“感受价值”或“认识价值”，是指买方在观念上所认同的价值，而不是产品的实际价值。根据市场需求状况和消费者对产品的感觉差异来确定价格的方法叫作需求导向定价法，又称市场导向定价法、顾客导向定价法。它主要包括认知价值定价法、反向定价法、价值定价法、集团定价法等。竞争导向定价是指通过竞争者或竞争引导来定价的一种方法。它包括随行就市定价法、投标定价法和拍卖定价法。

定价策略是企业争夺市场的重要武器，是企业营销组合策略的重要组成部分。新产品定价策略包括撇脂定价策略、渗透定价策略、中间价格策略。折扣定价策略包括现金折扣、数量折扣、功能折扣、季节折扣、价格折让。地区定价策略包括FOB产地定价、统一交货定价、区域定价、基点定价、运费免收定价。心理定价策略包括尾数定价、声望定价、参照定价、招徕定价、习惯定价。差别定价策略包括顾客差别定价、产品形式差别定价、产品部位差别定价、销售时间差别定价。产品组合定价策略包括产品线定价、分级定价、单一价格定价、选择产品定价、模块化定价。

价格决策是营销组合的重要组成部分，也是一个有着若干独特而鲜明特征的组成部分。价格策略与企业的市场占有率、市场接受新产品的快慢、企业及其产品在市场上的形象等都有着密切的关系。价格竞争的内容很多，除企业使用的定价方法和价格策略外，另一个比较明显的表现就是企业进行的价格调整。企业对原定价格进行调整可分为两种情形，一是调高价格，二是降低价格。提价的原因：生产经营成本上升、需求压力、创造优质优价的名牌效应。降价的原因：应付来自竞争者的价格竞争压力、扩大市场占有率、市场需求不振、根据产品生命周期阶段的变化进行调整、生产经营成本下降。价格调整中的顾客反应：顾客对企业的提价的反应、顾客对企业的降价的反应。价格调整引发的竞争者的反应：竞争者对价格调整的反应、企业对竞争者价格调整的反应（企业应变必须考虑的因素、企业应变的对策）。

二、案例引入

案例引入 1：苹果的撇脂定价

案例背景资料：苹果公司（Apple Inc.）是美国一家高科技公司。史蒂夫·乔布斯、斯蒂夫·沃兹尼亚克和罗·韦恩等人于 1976 年 4 月 1 日创立了美国苹果电脑公司（Apple Computer Inc.），该公司于 2007 年 1 月 9 日更名为苹果公司，总部位于加利福尼亚州的库比蒂诺。苹果公司在 1980 年 12 月 12 日公开招股上市，在 2012 年创下 6 235 亿美元的市值记录。截至 2014 年 6 月底，苹果公司已经连续三年成为全球市值最大公司。苹果公司在 2016 年世界 500 强排行榜中排第 9 名。2013 年 9 月 30 日，在宏盟集团的“全球最佳品牌”报告中，苹果公司超过可口可乐成为世界最有价值品牌。2014 年，苹果超越谷歌（Google），成为世界最具价值品牌。2020 年 8 月 19 日，苹果公司市值首次突破 2 万亿美元。

案例：苹果公司的 iPod 产品是从 2001 年起连续 4 年最成功的消费类数码产品，一推出就获得成功。第一款 iPod 零售价高达 399 元美元，即使对美国人来说，也属于高价位产品，但是有很多“苹果迷”既有钱又愿意花钱，所以还是纷纷购买。苹果的撇脂定价取得了成功。但是苹果认为还可以“撇到更多的脂”，于是不到半年又推出了一款容量更大的 iPod，当然价格也更高，定价 499 美元，仍然卖得很好。苹果的撇脂定价大获成功。

——本案例来源于百度文库

案例分析要点：撇脂定价。

案例分析：

这是因为苹果公司在全球市场有足够多的购买者，他们的需求缺乏弹性，即使把价格定得很高，市场需求也不会大量减少。在高价情况下，其仍然独家经营，无其他竞争者。高价使人们对这种产品产生高档产品的印象。苹果公司的撇脂定价策略无疑是非常成功的。

案例引入 2：小米手机的渗透定价策略

案例背景资料：小米手机是小米公司研发的高性能智能手机。Strategy Analytics 发布的 2017 年第二季度全球智能手机厂商出货量及市场份额报告显示，小米出货量 2 320 万台，市场份额达到 6.4%，重回世界前五。2018 年 3 月 27 日，小米首次在上海举行新品发布会，发布小米 MIX2S。2019 年 2 月 20 日下午 2 点，小米在北京工业大学体育馆举行小米 9 发布会。

案例：小米手机的价格水平居于中低价位，也符合其高性价比的初衷，企业坚持让更多人感受到科技进步带来的快乐与极致体验。事实证明小米手机采取的渗透定价策略在市场上卓有成效，为其赢得了较高的市场份额。全球智能手机市场不再像原来那样火热，与中国手机市场同比下滑 2.9%，但小米手机在 2018 年第一季度的出货量同比却大增 87.8%，逆势上涨势头明显；毋庸置疑，在商业竞争中，品牌竞争是企业竞争的最高层次。我们分析发现：在总体销售量中，小米高端手机（价格高于 3 000 元）的销售量只有 49.6 万台，占比仅为 1.7%，与之相反，低端机（价格约 1 000 元）的占比却高达 77.6%。由此可见，小米在中低端市场占据较大优势，而在国内很多用户把小米当作中国低端手机的代表，也有力地证明了这一点。

——本案例来源于百度文库

案例分析要点：渗透定价策略。

案例分析：

小米最初进入市场采取的就是渗透定价策略，通过低价使产品快速为市场所接受，并借助较高的销售量实现规模经济效益，从而有效地降低了产品单位成本，为企业赢得长期稳定的市场地位；另外，低价也在市场上形成了一定的行业壁垒，微利阻止了竞争者的进入，大大增强了自身的产品竞争力。

案例引入 3：淘宝商城（天猫）“双 11”购物狂欢节

案例背景资料：“双 11”购物狂欢节，是指每年 11 月 11 日的网络促销日，源于淘宝商城（天猫）2009 年 11 月 11 日举办的网络促销活动，当时参与的商家数量和促销力度有限，但营业额远超预想的效果，于是 11 月 11 日成为天猫举办大规模促销活动的固定日期。“双 11”已成为中国电子商务行业的年度盛事，并且逐渐影响到国际电子商务行业。2020 年 11 月 11 日，2020“双 11”购物狂欢节开始。11 月 1 日至 11 日 0 点 30 分，2020 年天猫“双 11”全球狂欢季实时成交额突破 3 723 亿元。

案例：源于淘宝商城（天猫）2009 年 11 月 11 日举办的网络促销活动“双 11”已成为中国电子商务行业的年度盛事，并且逐渐影响到国际电子商务行业，利用限量抢购和满减的方式进行促销。2009—2018 年“双 11”购物狂欢节品牌参与数及销售额见表 8-1。

表 8-1　2009—2018 年“双 11”购物狂欢节品牌参与数及销售额

年份	年销售额/亿元	品牌参与/家
2009	0.52	27
2010	9.36	711
2011	33.6	2 200
2012	132	10 000
2013	352	20 000
2014	571	27 000
2015	912	40 000
2016	1 207	98 000
2017	1 682	140 000
2018	2 135	180 000

淘宝嘉年华“双 11”满减门槛每满 200 元减 20 元，天猫“双 11”满减门槛是每满 400 元减 50 元，支持跨店铺满减，上不封顶。

——本案例来源于百度文库

案例分析要点：现金折扣与数量折扣。

案例分析：

在市场竞争越来越激烈的情况下，淘宝利用折扣定价策略鼓励顾客大量购买，紧紧抓住消费者的消费心理、消费行为等，进行有效的现金折扣与数量折扣，这是十分受到消费者的青睐的，所以淘宝商城（天猫）每年的营业额呈指数型增长，并且每一年的销售额都呈蒸蒸日上的趋势。

案例引入 4：拼多多强势崛起

案例背景资料：2015 年 9 月，拼多多正式上线，到 2016 年 7 月的时候，拼多多用户量突破 1 亿户，获得 B 轮 1.1 亿美元融资，IDG 资本、腾讯、高榕资本领投。

案例：拼多多是一家专注于凑单、拼团的第三方社交电商平台。用户可以选择自己想要的商品，发起或参与拼团，通过微信推荐拼团链接给家人、邻居和好友，吸引对方一起来拼团购买，从而用更低的价格购买到想要的商品。拼多多的用户基本分为三类：一类是发起团购的团长，另一类是参团的团员，最后一类是平台商家，其主要的产品逻辑如图 8-1 所示。

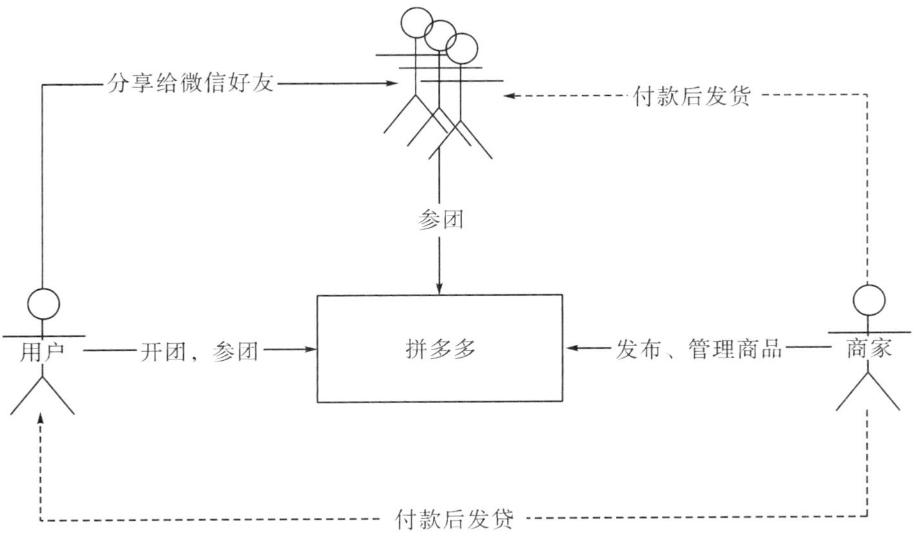

图 8-1　拼多多主要的产品逻辑

——本案例来源于百度文库

案例分析要点：现金折扣。

案例分析：

拼多多以拼团打折的折扣定价策略吸引新的顾客，同时又可以大量提升营业额，靠薄利多销的销售方式获得了巨大的利润。

案例引入 5：华为 Mate30 定价分为国外和国内

案例背景资料：华为技术有限公司成立于 1987 年 9 月 15 日，注册地位于深圳市龙岗区坂田华为总部办公楼，法定代表人为赵明路。经营范围包括：程控交换机、传输设备、数据通信设备、宽带多媒体设备、电源、无线通信设备、微电子产品、软件、系统集成工程、计算机及配套设备、终端设备及相关通信信息产品、数据中心机房基础设施及配套产品（含供配电、空调制冷设备、智能管理监控等）的开发、生产、销售、技术服务、工程安装、维修、咨询、代理、租赁；信息系统设计、集成、运行维护；集成电路设计、研发；统一通信及协作类产品，服务器及配套软硬件产品，存储设备及相关软件的研发、生产、销售；无线数据产品（不含限制项目）的研发、生产、销售；等等。华为技术有限公司对外投资 30 家公司，具有 21 处分支机构。

案例：华为 Mate30 定价分为国外和国内两种价格，相比海外的定价，大部分华为 Mate30 手机国内售价都降低 2 000 元左右。华为 Mate306GB+128GB 版、8GB+128GB 版售价分别为 3 999 元、4 299 元；华为 Mate30Pro8GB+128GB 版、8GB+256GB 版售价分别为 5 799 元、6 299 元。对比海外售价，华为 Mate304G 版本 8+128GB 售价 799 欧元（折合人民币约 6 259 元）；华为 Mate30Pro4G 版 8+256GB 售

价 1 099 欧元（折合人民币约 8 610 元）；华为 Mate30Pro5G 版 8+256GB 售价 1 199 欧元（折合人民币约 9 393 元）。

——本案例来源于百度文库

案例分析要点：分区定价。

案例分析：

华为在国外的定价比国内高，渐渐扫除了中国制造低廉的形象，国外高昂的价格引起了消费者的关注，并且凭借创新和技术使得外国媒体对华为大加赞赏。国内定价与国外定价的差异大大增强了国人的荣誉感，对于华为这样的自主国产品牌更加青睐，华为通过这种定价策略起到了一石二鸟的效果。

案例引入 6：麦肯锡

案例背景资料：麦肯锡公司是世界级领先的全球管理咨询公司，是由美国芝加哥大学商学院教授詹姆斯·麦肯锡（James O’ McKinsey）于 1926 年在美国创建的。自 1926 年成立以来，公司的使命就是帮助领先的企业机构实现显著、持久的经营业绩改善，打造能够吸引、培育和激励杰出人才的优秀组织机构。麦肯锡采取“公司一体”[①] 的合作伙伴关系制度，在全球 44 个国家有 80 多个分公司，共拥有 7 000 多名咨询顾问。麦肯锡大中华分公司包括北京、香港、上海与台北四家分公司，共有 40 多位董事和 250 多位咨询顾问。在过去十年中，麦肯锡在大中华区完成了 800 多个项目，涉及公司整体与业务单元战略、企业金融、营销/销售与渠道、组织架构、制造/采购/供应链、技术、产品研发等领域。

案例：麦肯锡研究员就三个类别的商品对美国 2 400 名顾客进行了调查。它们分别是 3 美元的牙刷、30 美元的毛衣和 300 美元的平板电视。研究员告诉受访者同一商品线上线下的价差为 5% 和 20%。有时线上便宜，有时线下便宜。然后询问他们是否可以接受这样的差价及原因是什么。研究结果显示，对价差的容忍度也取决于该商品本身的价格。大部分受访者能够理解，零售商因为在实体店备货需要承担更高的销售成本。比如线上线下同货不同价：华为、OPPO 等手机同种型号在官网和手机店里的价格都相差好几百元。

——本案例来源于百度文库

案例分析要点：顾客差别定价。

案例分析：

顾客差别定价又称顾客细分定价，是指企业按照不同的价格把同一产品或服务卖给不同的顾客。价格的差别是因为官方有时候有活动，还有就是线上的成本更低，不需要门面租金等费用。

---

① 公司一体是指一体化战略，所谓一体化战略就是若干关联单位组合在一起形成的经营联合体，主要包括前向一体化、后向一体化、水平一体化和垂直一体化。它们各自适应于拥有不同规模、不同资金、不同行业、不同领域的企业。

三、课后案例引入

课后案例引入 1：雅阁汽车一步到位的价格策略

广州本田汽车有限公司是在原广州标致废墟上建立起来的，成立于 1998 年 7 月 1 日，注册资本为 11.6 亿元人民币，由广州汽车集团和本田工业科技研株式会社各出资 50%建设而成。建厂初期，广州本田引进本田雅阁最新 2.0 升级系列轿车，生产目标为年产 5 万辆以上，起步阶段为年产 3 万辆。生产车型为雅阁 2.3VTi-E 豪华型轿车、2.3VTi-L 普通型轿车和 2.0EXi 环保型轿车。1999 年 3 月 26 日，第一辆广州本田雅阁轿车下线，同年 11 月通过国家对广州本田雅阁轿车 40%国产化的严格验收。2000 年 2 月 28 日，广州轿车项目通过年产三万辆的项目竣工验收。2004 年年初广州本田已经达到了年产汽车 24 万辆的产能规模。目前，广州本田生产和销售的车型有 4 款：雅阁、奥德赛、三厢飞度和两厢飞度。对于中国市场来说，广州本田雅阁的价格策略也显得高人一筹，在产品长期供不应求的情况下施放“价格炸弹”反映了厂家的长远眼光。

2002 年被人们称作中国汽车年，在这一年里，中国汽车实现了一个历史性的飞跃——6 465 亿元的销售收入和 431 亿元的利润总额（同比增长分别达到 30.8%和 60.94%），使汽车产业首次超过电子产业成为拉动我国工业增长的第一动力。国家计委产业司 2003 年 1 月公布的数字表明，2002 年全国汽车产销量超过 300 万辆，其中轿车产量为 109 万辆，销量为 112.6 万辆。中国汽车业的暴利早已成了汽车行业内公开的秘密。尤其是中高档车，利润率高得惊人。根据德国一家行业内权威统计机构公布的数字，2002 年中国主流整车制造商的效益好得惊人，平均利润超过 22%，部分公司甚至达到了 30%。

2002 年 1 月 1 日起，轿车关税大幅度降低，排量在 3.0 升以下的轿车整车进口关税从 70%降低到 43.8%，3.0 升以上的从 80%降到 50.7%。关税下调后，进口车的价格由于种种原因并没有下降到预想的价格区间，广州本田门胁轰二总经理似乎早有预测。他说：“关税从 70%降低到 43.8%，最终降至 25%，这是一个过程。虽然也有部分人因考虑到进口车将要变得便宜而暂时推迟购车计划，但由于政府实际上决定了进口车的数量，短时间内进口车并不会增加许多。”广州本田宣布了一个令所有人都感到吃惊的决定：2002 年广州本田的所有产品价格将不会下调。

1998 年广州本田成立，就确定了将第六代雅阁引进中国生产，1999 年 3 月 26 日，第六代新雅阁在广州本田下线，当年就销售了 1 万辆。雅阁推出的当年，市场炒车成风，最高时加价达 6 万元以上，成为当年最畅销的中高档车。继 2000 年成为全国第一家年产销中高档轿车超 3 万辆的企业后，2001 年广州本田产销超过 5 万辆，比计划提前了4年。2002年，广州本田产销量为59 000辆，销售收入137.32亿元人民币，利税50亿元。2002年3月1日，第10万辆广州本田雅阁下线，标志着广州本田完全跻身国内中高档汽车名牌企业行列。雅阁刚上市时国产化率是40%，经过几年经营国产化率上升到60%，2003北美版新雅阁上市时提升到了70%，降低了进口成本；建厂时广州本田的生产规模是3万辆，2001年达到5万辆生产规模。到了2002年，提升为11万辆，规模带来了平均成本的降低，同年完成12万辆的产能改造。

2003年，北美版新雅阁（第七代雅阁）的上市终结了中国中档轿车市场相安无事高价惜售的默契，它的定价几乎给当年所有国产新车的定价建立了新标准，使我国车市的价格也呈现出整体下挫的趋势。随之而来的是持续的价格不断向下碾压与市场持续井喷。

广州本田借推出换代车型之机，全面升级车辆配置，同时大幅压低价格。2003年1月，广州本田新雅阁下线，在下线仪式上广州本田公布新雅阁的定价，并且宣布2003年广州本田将不降价。其全新公布的价格体系让整个汽车界为之震动：排量为2.4升的新雅阁轿车售价仅为25.98万元（含运费），而在此前，供不应求的排量为2.3升老款雅阁轿车的售价也要29.8万元，还不包含运费。这意味着广州本田实际上把雅阁的价格压低了4万多元，而且新雅阁的发动机、变速箱和车身等都经过全新设计，整车操作性、舒适性、安全性等方面都有所提高。其总经理门胁轰二的解释是：一方面，广州本田致力于提高国产化率来降低成本，有可能考虑将这部分利润返还给消费者；另一方面，这也是中国汽车业与国际接轨的必然要求。业内人士认为，这正是广州本田在新的竞争形势下调整盈利模式的结果。

雅阁2.3原来售价29.8万元仍供不应求，新雅阁价格下调4万元，而排量、功率、扭力、科技含量均有增加，性价比提升应在5万元左右。广州本田新雅阁的售价与旧款相比相差比较大，旧雅阁2.3VT1-E（豪华型）售价30.30万元，相差近4万元，算上新雅阁的内饰、发动机和底盘等新技术升级的价值，差价估计在6万元。旧雅阁2.0的售价为26.25万元，比新雅阁也高两三千元。广州本田此次新雅阁的低价格是在旧雅阁依然十分畅销的前提下做出的。尽管业内事先已经预期广州本田新雅阁定价将大幅降低，但新雅阁的定价还是引起了“地震”。

新雅阁一步到位的定价影响了整个中高档轿车市场的价位，广州本田的这种定价策略一直贯穿到之后下线的飞度车型营销之中，广州本田车型的价格体系也因此成为整个国内汽车行业价格体系的标杆，促使国产中高档轿车价格向“价值”回归，推动了我国轿车逐渐向国际市场看齐。广州本田生产的几款车型几年来在市场上也一直是供不应求，2003年广州本田更以11.7万辆的销售使销售数量的增长超过100%，成为增幅最大的轿车生产商。销售最火爆时，一辆雅阁的加价曾高达4万元。这一年，我国轿车的产量也首次突破200万辆，达到201.89万辆，同比增长83.25%。

——本案例来源于夏清明的《市场营销学》

问题思考：

1. 请分析雅阁价格调整的市场背景。
2. 根据本案例，分析雅阁价格调整的原因。
3. 从本案例中，可以看出竞争对手针对雅阁的价格做出了哪些反应？

课后案例引入 2：招商银行

招商银行于 1995 年 7 月推出的银行卡——“一卡通”[①]，被誉为我国银行业在个人理财方面的一个创举；至今累计发卡量已超过 2 600 万张，卡均存款余额超过 4 500 元，居全国银行卡发放首位。该卡的优点包括：一卡双币（RMB +US $）国内外通行（在国外任何货币国家都可使用，但如果 没有要求用人民币还款时，用美元还款）；先消费后付款——免开存款户；免息期长达 50 天；根据个人资信授给信用额度，免保证人和保证金；随时调高临时额度，满足使用需求；循环信用；用卡片预借现金；可只还最低应缴款，未还部分按照正常活期利率计收；年费定价策略。另外，就年费来说，普卡是主卡 100 元、附卡 50 元，金卡是主卡 300 元、附卡 150 元。

表面上看，年费比其他行都高，但由于一卡双币，在全球任何国家都可使用，实际综合年费比其他银行低。招商银行以整个产品系统一起定价的方式降低产品的价格。

——本案例来源于夏清明的《市场营销学》

问题思考：

1. 招商银行竞争战略选择是什么？
2. 招商银行采用的差异化竞争战略具有哪些特征？

四、课后思考题

1. 企业定价的主要目标有哪些？
2. 企业定价应考虑哪些因素？
3. 什么是成本导向定价法？有哪些具体方法？
4. 什么是需要导向定价法？有哪些具体方法？
5. 竞争导向定价法的特点是什么？
6. 常见的消费价格心理有哪些？如何进行心理定价？
7. 企业进行价格调整时应该注意哪些问题？

---

① 一卡通指的是集多功能于一体的智能卡，是一个统称，例如：校园一卡通、企业一卡通、医疗一卡通等。

第九章
渠道策略

一、理论部分

分销渠道的定义：分销渠道的起点是生产者，终点是消费者或者用户。它是一组路线，是由生产商根据产品的特性进行组织和设计的，在大多数情况下，生产商所设计的渠道策略充分考虑其参与者——中间商。产品在有生产者向消费者转移的过程中，通常要发生两种形式的运动：①商流（作为买卖结果的价值形式运动）；②物流（伴随着商流所有发生的产品实体的空间移动）。

分销渠道的作用：①中间商的介入，减少交易次数，提高效率。整个社会商品交换的总劳动得到节约。②从功能上看，一方面，中间商分担制造企业的市场营销职能；另一方面，中间商为消费者或用户充当购买代理，并在生产者与消费者之间沟通信息，调解矛盾。③作为社会分工的产物，中间商了解市场，熟悉消费者，掌握各种营销技巧，富有营销实践经验。由他们承担营销职能，工作将更有成效，营销费用相对较低。④中间商能为企业节省资金投入。⑤中间商能帮助生产企业开发市场。

分销的特点：每一条分销渠道的起点是生产者，终点是通过生产消费和个人生活消费能实质上改变商品的形状、使用价值和价值的最后消费者或用户。

分销渠道的管理：选择渠道成员、激励渠道成员、评估渠道成员、调整销售渠道。

分销渠道的评估：经济性标准、控制性标准、适应性标准。

网络渠道：借助品牌与平台优势、品牌与平台的推广、摆脱传统经营的束缚、网上分销的强大潜力。

销售物流的含义：销售物流又称企业销售物流，是企业为保证本身的经营利益，随销售活动将产品所有权转给用户的物流活动。

销售物流的主要环节：产品包装、产品储存、货物运输与配送、装卸搬运、流通加工、订单及信息处理、销售物流网络规划与设计。

销售物流的过程：生产企业的产成品仓库→分销物流→配送→企业、商业用户或最终消费者。

销售物流的模式：生产企业自己组织销售物流；第三方物流企业组织销售物流；用户自己提货的形式。

二、案例引入

案例引入 1：华为分销渠道

案例背景资料： 华为是全球领先的信息与通信技术（ICT）解决方案供应商，专注于 ICT 领域，坚持稳健经营、持续创新、开放合作，在电信运营商、企业、终端和云计算等领域构筑了端到端的解决方案优势，为运营商客户、企业客户和消费者提供有竞争力的 ICT 解决方案、产品和服务，并致力于实现未来信息社会、构建更美好的全连接世界。

案例：

一、细分点石成金

2019 年，华为在细分市场领域方面扩展义务，努力增加产品的附加值，满足客户的需求，针对具体需求解决问题，布局市场，细分市场，合理规划。

二、注重网络建设与电子商务相结合

国家科技产品工程研发及产业联盟的调研数据显示，通过电子商务销售的产品数量呈现逐步上升的趋势，企业完全可以借助此平台开拓新的销售渠道，占据更多的市场份额，这要求华为要加强电子商务方面的建设，使华为的渠道越来越好。

三、渠道管理

通过每个大区对于经销商业绩的审核，经营良好的经销商可以逐步开设多家经销分店，这样能够激励经销商努力完成厂家的任务与指标，使经营的每个环节都能做到尽善尽美。

2010 年华为智能手机出货量为 330 万部，该公司曾在 2011 年 4 月宣布，本年度计划出货量达到 1 200 万至 1 500 万台，不到三个月，其又将这个数字提高到 2 000 万台，与 2010 年相比，增长速度超过六倍，值得注意的是，智能手机只是冰山一角，在华为的销售计划中，包括上网卡、平板电脑、非智能与智能手机在内的消费电子产品销量将达到 1. 7 亿至 2 亿件。

——本案例来源于 MBA 智库百科

案例分析要点： 分销渠道的管理。

案例分析：

华为通过对各大经销商业绩的考核进行奖励，大大提高了经销商的销售积极性。华为还通过网络渠道进行推广分销，大大提高了华为手机的知名度，扩大了华为手机的销售额。通过每个大区对经销商业绩的审核，经营良好的经销商可以逐步开设多家经销分店，这样能够激励经销商努力完成厂家的任务与指标，提高其完成任务的积极性，使经营的每个环节都能做到尽善尽美。

案例引入2：王老吉分销渠道研究

案例背景资料：王老吉是王老吉凉茶的品牌，创立于清道光年间（1828年），创始人王泽邦，被公认为凉茶始祖，采用本草植物材料配制而成，有“凉茶王”之称。产品形式经历了“水碗凉茶—凉茶包—凉茶粉—凉茶饮料”等载体变化。

案例：

一、王老吉药品分销渠道的演变

王老吉公司在20世纪90年代初采取的是自然分销的方式，渠道结构比较混乱，没有侧重点，公司比较缺乏品牌经营能力，甚至说是其对自己的产品没有一个比较长线的目标，只希望自己的产品在短期内能够大量销售，在这种情况下，通过自然分销的方式就可以任意指定批发商，甚至不分大小，外埠的批发市场，都可以进货，整个货品在市场上自由流动，这种方式比较特别，它可能适用于特定的OTC产品、特定的厂商或者是特定的业务目标。

二、全方位、多元化的渠道模式

第一，现代渠道与传统渠道的商品小卖店相比，现代渠道主要包括大卖场、超级市场及网络等，一般情况下，现代渠道的市场管理水平和办公自动化程度都比较高，实行的是集中式计划管理，所有分店统一采购、统一配销、统一结算，基于强大的资金实力和财务杠杆的能力，现代渠道以其巨大的产品吞吐量，为广大生产商所侧目。第二，这种大商场、大超市往往具有客流量大且集中的特点，这样就形成免费的广告效应，可以提高产品的知名度。正因为如此，现代渠道才会被越来越多的商家所重视，为了获得市场的认可，打通现代渠道自然成为红馆王老吉的不二选择。其现代渠道营销方面，主要采取产品由当地经销商直接供货，并将产品直接铺到大超市大卖场，入场费、堆头费等费用由王老吉承担的方式，在确保铺货及时的前提下，现代渠道最大限度地解决了经销商的后顾之忧。

——本案例来源于百度文库

案例分析要点：多渠道分销。

案例分析：

王老吉前期野蛮生长阶段分销渠道混乱，各大经销商不分大小，自由流通，导致企业缺乏品牌经营能力。王老吉看到了分销渠道存在的弊端，通过升级分销渠道，不但克服了王老吉品牌经营能力不足的弊端，还解决了经销商的后顾之忧。

案例引入3：小米手机的营销渠道

案例背景资料：2010年4月，雷军的师弟李华兵给雷军发了一封邮件，推荐一个从德国无线出走的无线业务团队，他们希望小米团队做一款独立的手机硬件。这得到了雷军的支持，随后这个团队更名为“小米工作室”，也就是公司最早的前身，而他们的计划目标就是制作一个完全的手机体系——“小米手机”。

案例：

（1）采用线上销售，以电子商务为主。小米手机在 2011 年 8 月才开始正式发布其产品，主要是为了降低销售成本，以及去掉中间渠道、门店的成本。对于一个新兴的企业来说，这无疑是适合其发展的。可是小米手机在发售没多久后，出现了由于大量消费者在短期内刷新小米官网，一度造成官网无法打开的情况，虽然后来小米手机增加了网络宽带，但是网络瘫痪一直没有得到解决。从手机营销渠道演变的历史来看，随着产品技术的进步和更新，产品生命周期从导入期到成长期再到成熟期的过程也带来了营销渠道的变革。当时小米还是个初生者，渠道和运营商的谈判难度很大，没有那么快速达成合作。全线上售卖的方式省掉了后面的市场和渠道成本，这是可以加分的。对于小米，这肯定是节约成本的。

（2）致力于增加新渠道、开发新战略模式。小米手机由于长期缺货，网络经常瘫痪，缺少分销商，没人在基层发起营销，单靠网络解决售后服务，于是只好增加其渠道。如今，小米手机已经改变完全依靠网络渠道的模式，通过和手机运营商合作等来开辟新渠道，所以小米以后的渠道模式会更加多样化，也使购买小米手机的用户更加便捷，但由于小米手机采取的是饥饿营销模式，所以小米手机以电子商务模式为主的渠道模式一时间是难以改变的。

（3）自有网络渠道为主。根据小米手机的渠道战略，小米手机建立了自有渠道，小米手机的自有渠道是消费者通过到小米手机的官网定制手机，正式开放前几个小时小米手机的购买页面就已经接近瘫痪，想要购买到小米手机更是难上加难。除了官网，小米手机指定了淘宝网、京东商城、苏宁易购等平台，且这些平台的货源是十分充足的。

小米手机为了解决渠道问题，先后与中国联通及中国电信合作，中国联通及中国电信为了自身的利益及增加产品的种类和小米手机运营商进行合作，中国电信和中国联通通过实体营业厅和在线营业厅售卖小米手机，联通定制版小米手机硬件和普通版没有区别，但机身后盖有“WO”标志，内置了“手机营业厅”“沃商店”“沃 3G”联通定制软件。

——本案例来源于百度文库

案例分析要点：分销渠道策略、分销渠道的设计。

案例分析：

（1）小米将面临如何对分销渠道做出相应策略，如选择门店销售等。

（2）①对分销渠道进行设计；②可选择相应的选择性分销、独家分销、复合分销；③因其分销渠道单一，需对渠道进行设计和选择。

案例引入4：别克凯越轿车的价格策略

案例背景资料：别克凯越为通用汽车最新开发的全球化中级轿车，由通用大宇汽车科技公司主导设计和开发。2003年4月21日，上海通用汽车的全新中级车被称为“中别克”的凯越上市，即“别克凯越”，从而正式进军极具潜力的中级车市场。

案例：上海通用汽车先后推出了经济型轿车赛欧（8.98万~12.98万元）和中高档轿车别克君威（22.38元~36.9万元）。赛欧针对的是事业上刚刚起步、生活上刚刚独立的年轻白领；而别克君威则针对的是已经取得成功的领导者。中级轿车市场是中国轿车市场的主流，这一汽车板块为中国汽车业带来了巨大的利益，同时也是竞争最激烈的市场。中级轿车市场多以公务、商务使用为主，兼顾私用，当时中级轿车月销售量在2.4万台左右，而且仍在迅速增长。上海通用汽车由此推出“别克凯越”，从而正式进军极具潜力的中级车市场。别克凯越的市场主要竞争对手包括：爱丽舍、日产阳光、宝来、威驰、福美来、捷达、桑塔纳2000等。在2003年8月上市的别克凯越LE-MT豪华版（1.6升 手动挡）售价为14.98万元，别克凯越LS-AT顶级版（1.8升 自动挡）售价为17.98万元。

中国国内的中档车的市场竞争相当激烈，多种因素影响了别克凯越的上市价格。别克凯越要面对的是一个逐渐成熟的市场，爱丽舍、日产阳光、宝来、威驰、福美来、捷达、桑塔纳2000等车型已经占据相当大的市场份额，同时，这些车型又具有很高的性价比。

中档车市场面对的是中国社会中最具有经济实力的一个阶层，一般来讲，这样的家庭都具有以下特征：男性，已婚，30~45岁，家庭月收入超过一万元，大专以上文化教育程度，在国企或私企担任中级经理或中小型私营企业主，他们购买凯越的用途是以公务、商务为主，兼顾私用。因此，别克凯越是专为中层经理人、小型私企业主打造的中档公务商务兼私用座驾，它以现代动感外观、高效人性化空间、卓越先进科技配备为特点，满足了潜在车主实用、可靠、时尚、符合身份档次的用车需求，成为其事业和生活的可靠伴侣。另外，在市场已经被占领的情况下，别克凯越只有具备更好的性价比才可以在市场中占有一席之地。在性能上，别克凯越配置了许多高档车的设备，而在价格上，别克凯越在同档次的车型中价格居中上。

在分析以上影响因素之后，我们可以看到，别克凯越的市场定价不高，采用了满意定价的方法，制定不高不低的价格，可以同时兼顾厂商、中间商及消费者利益，使各方面满意。相对于同一类的车而言，例如，宝来1.6手动基本型的售价是15.5万元，而宝来1.8舒适型的售价是18.5万元，在性能详尽的情况下，别克凯越的售价比同档次的宝来低了近5 000元。因此对中级车主力的宝来构成了巨大的冲击。

上海通用是世界最大的汽车制造厂商，别克是世界名牌。但是，别克凯越采用了一种跟随的定价方式，在同类车中，价格低于宝来和配置更好的威驰，并没有定高价。由此可见上海通用汽车进入中级车市场的决心。同时，我们可以看到它采用了尾数定价的技巧。这无疑又为别克凯越占领市场建立了一个好的口碑。别克凯越1.6的定价虽然离15万元只是差了200元，但是消费者在心理上没有突破15万元的心理防线，给顾客价廉的感觉。而同一档次、性能相近的宝来的售价是15.5万元人民币，使消费者感到价格昂贵的感觉。同时别克凯越采取了以数字8为结尾，很符合中国人的习惯，这与大多数轿车生产厂商的定价方法是相同的。

当时，我们还没有看到别克凯越降价的迹象，同时我们看到的都是在加价购车，虽然加价，但比起同性能的车型，价格还是相对便宜，因此，我们可以看到面对同类中级车的不断降价声，别克凯越很难降价。但是，加价买车的现象会随着产量的增加而消失。面对众多竞争者相继降价，或者提高性能变相降价，别克凯越无疑将面对更大的压力。直接降价无疑会对品牌的声誉产生很大的影响，顾客很难接受一个汽车品牌不断地降价，不仅损害了顾客的利益，而且还损害了厂商自身的利益。因此，面对宝来、威驰等主力中级车型的降价，以上海通用一贯的价格策略，别克凯越将会采用提高性能或者实行优惠的政策来变相降价。别克凯越进入市场3个月内，销量突破2万辆大关，创造了中国轿车业的奇迹，这和上海通用稳定的价格策略是分不开的。上海通用一般采取一种具有刚性的价格，很少采用降价销售的竞争手段，虽然赛欧一度降价，但总保持了一定的稳定性，避免了品牌知名度的下降。对于别克凯越，上海通用同时又采用一种满意定价策略，其价格低于同类车中性能相同的车型，因此，消费者可以获得十足的满意。

——本案例来源于百度文库

案例分析要点：分销渠道管理、分销渠道的评估。

案例分析：

（1）别克凯越兼顾厂商、中间商及消费者的利益，使得各方面满意，对其进行选择、调整及有效激励。

（2）别克凯越采用提高性能、实行优惠的政策来变相降价，在现有方案中进行评估，选择较适合的一种方案。

案例引入5：概念突围——咯咯哒品牌推广纪实

案例背景资料：大连韩伟企业集团有限公司始建于1982年，这是一家家庭养鸡企业。咯咯哒：大连韩伟企业集团有限公司用于鸡蛋的注册商标，已经被列入中国驰名商标，集团现有中国最大化的现代化蛋鸡饲养企业。咯咯哒：母鸡下蛋的声音。

案例：蛋品行业是一个历史悠久的传统产业，在中国，蛋品行业每年有2 000亿元左右的大市场。虽然市场规模大，但是行业发展特别不平衡，市场竞争主要以价格竞争为手段，普通鸡蛋和品牌鸡蛋鱼目混珠，品牌蛋里缺乏领导品牌，消费者对品牌鸡蛋的认知不足，品牌意识比较淡薄。如何在蛋类行业进行品牌推广，咯咯哒做了有益探讨。

一、品牌推广市场环境调查

为使咯咯哒品牌在众多同类产品中脱颖而出，咯咯哒品牌拥有者首先对品牌推广前的市场环境做了调查。他们选取了全国市场上最有代表性的大连、北京、广州市场进行走访，以期洞悉市场和竞争对手，为品牌推广的市场定位寻找支点。

大连市场的调查者发现，咯咯哒产品在大连占有较高的市场份额。竞争品牌“洪家”主要是低价跟随策略，对部分消费者有影响。一部分顾客非常信任咯咯哒，长期购买咯咯哒。咯咯哒处于领导者地位，在此市场上可采取防御战略。

北京市场的高端消费者也不排斥现代化生产的蛋白。竞争者“德青源”优势明显，有品质感的蛋品外观、包装、大规模的广告推广，加上较低的价格和本地优势使其在北京绿色蛋品市场占据较大份额。该市场处于二元竞争状态，咯咯哒处于挑战者地位，可采取进攻战略。广州市场普遍认可土鸡蛋，咸蛋和皮蛋的消费比鲜蛋多。“神丹”牌鲜土鸡蛋和皮咸蛋的市场占有率和知名度都比较高，其价格较低，对咯咯哒的冲击很大。在这些市场中，无领导品牌，咯咯哒也属于市场新入者，因此可采取侧攻战略。

经过调查，咯咯哒发现，蛋品行业虽然竞争激烈，但是无领导品牌。咯咯哒作为中国蛋品行业唯一的一个驰名商标，其也面临着品牌形象不清晰、区域市场竞争优势不明显等问题。树立咯咯哒清晰的品牌形象，积极应对激烈的竞争，树立其在蛋品行业的领先地位，成为咯咯哒扩张市场的关键。

为此，咯咯哒为自己树立了明确的目标：第一，建立独特的品牌形象，提升品牌认同度，增强品牌亲近感，拉近与消费者的距离；第二，强化对产品独特利益点的宣传，与其他产品形成品牌区隔；第三，通过整合推广，直接拉动品牌销售，扩大市场份额，塑造强势品牌。这样，就为品牌定位和品牌推广奠定了基础。

二、品牌推广特色定位

通过深度观察和分析，咯咯哒认为品牌的重度消费者为30~45岁的女性，中等以上收入，事业小有成就，她们有稳定的家庭生活，以孩子为中心，关注自己和家人的健康。她们愿意用更好的商品来提高生活品质，进而表达对家人的关爱；对有情感联系的品牌有忠诚度，不仅要买一个好的鸡蛋，更希望这个商品能表达她对家人的关爱；对食品有不安全感；对鸡饲料、鸡、鸡蛋和人的健康有直接的相关联想；对大连产地有天然无污染的健康联想。咯咯哒从产品优势和消费者心智出发，强化产地优势。咯咯哒具有五大优势：天然环境、营养饲料、现代化安全管理、年轻的健康鸡、社会广泛认可。从这些产品的优势中，咯咯哒分析提炼出品牌的核心价值：可靠、优质、天然环境。如何通过核心价值去探寻咯咯哒的品牌主张？咯咯哒又从以下方面进行分析。第一，产地自然环境。大连、旅顺、玉皇山下，三面环海，一面背山，风景优美，它不是滨海社区，不是观光海景，它是咯咯哒鸡的生活之所，这里是禽类的黄金生活纬度、山林覆盖的天然氧吧，270度三面环海所形成的天然屏障，高密度的负氧离子，是全球顶级的蛋产区。第二，产地养殖空间。咯咯哒不仅有钻石级的蛋产区，还有优良鸡种，它们的食谱是精挑细选的，它提倡绿色食品，在鸡的食谱里添加了珍贵的海洋营养，这些让生活在这里的鸡成为一群独特的鸡：它们有优美、洁净的生长空间，它们生活在山林氧吧之中，呼吸着健康负离子……

从这两个角度看，咯咯哒找到了独特的诉求点，那就是产地优势，“山海湾畔、钻石级蛋产区”的轮廓逐渐显现出来。

每个买蛋的人第一联想就是鸡蛋的产地及品质，咯咯哒的目标就是要突出产地的优良环境及鸡蛋的品质，因而把第一阶段品牌推广的广告语定为“好山好水好鸡蛋”。“好山好水好鸡蛋”体现了环境和生活的优质；“好鸡蛋”体现了咯咯哒奉献给消费者最好的顾客价值。

打动消费者就是要为之提供更好的价值，这个价值，又叫顾客价值。一个品牌的核心价值就是能不能给出优于竞争对手的顾客价值。咯咯哒的这个价值就是这样一个从产品本身优势开发出来，并从消费者心智出发，可以超越竞争对手并让其无法效仿的特色定位。

三、品牌推广策略运用

咯咯哒针对不同市场采取不同的推广策略；线上推广，线下配合，利用广告手法，快速建立知名度，在户外候车亭、车体、电视等大众媒体上整合推广，线下用公关体验式营销，加以促销配合，力求品牌和销售双重提升。

（1）主流媒体造势，推广核心概念。在中国市场，巧妙地运用主流媒体营造一种新闻关注，往往能在短期内蓄积成一种微妙的势，消费者容易把这种“势”看作一种事实。咯咯哒本身有很多优势、很多故事，然而这些“事实”却因为没好好宣传而少为人知，从而造成消费者对咯咯哒认知不清，以及品牌距离感大等印象。所以，咯咯哒借助主流媒体推广优势，迈出了品牌扩张的第一步。在大连本地市场，咯咯哒选择当地主流媒体，先进行软文宣传，从“品牌鸡蛋为什么比普通鸡蛋好”“如何挑选品牌鸡蛋”及“为什么选择鸡蛋就要选择咯咯哒”这三个逐层递增的角度去教育和告知消费者，把咯咯哒的产品核心概念——品质巧妙地推广出去。把品牌鸡蛋的市场做大，咯咯哒所占的市场份额也随之增大。

（2）事件营销助威，塑造全新形象。一夜之间，大连本地的户外候车亭换上“新衣”，咯咯哒新装上阵，在市民们的关注度逐渐上升的同时，咯咯哒又扔出了一枚“重磅炸弹”，在咯咯咯新形象的候车亭挂上了一篮篮的熟鸡蛋，任路人取食。这种悬念营销引起了消费者的极大兴趣，很多人见面的第一句话就是：“今天在车站拿到咯咯哒鸡蛋了吗?”随后的几天还有许多身着咯咯哒促销服的人员在大街上派发鸡蛋。这一轮轮重磅事件，在当地引起了一阵阵热烈的议论，媒体也借势登出一系列采访文章，进而使咯咯哒的宣传达到了一个小高潮。同时配合新形象面市，咯咯哒又推出一系列的促销活动，如“好鸡蛋送好面”和捆绑赠送爱宝蛋等，市场反响非常好，销售淡季的销量竟然比旺季增长了5%。随着咯咯哒对品牌鸡蛋市场的培育，消费者对品牌蛋有了更深刻的了解，同时咯咯哒的新形象在事件营销中又得到广泛推广，其市场份额和品牌通过防御战得到双重提升。通过第一阶段的立体化品牌推广和公关促销，咯咯哒已经取得了初期引爆市场的良好效果，咯咯哒的品牌形象既赢得了消费者的认同和喜爱，又同竞争对手形成鲜明的区隔，实现了品牌和销量的双重提升。在本地市场站稳脚跟后，咯咯哒开始实施新一轮的品牌推广战略，逐步向全国市场扩张。

——本案例来源于百度文库

案例分析要点：分销渠道的管理、分销渠道影响因素。

案例分析：

缺乏对分销渠道的影响因素进行分析。应考虑其市场因素、产品因素、咯咯哒自身因素以及环境因素。咯咯哒认为品牌的重度消费者为30~45岁的女性，中等以上收入，事业小有成就，她们有稳定的家庭生活，以孩子为中心，关注自己和家人的健康。

案例引入6：2019年沃尔玛企业运营模式分析：中国布局

案例背景资料：沃尔玛公司由美国零售业的传奇人物山姆·沃尔顿先生于1962年在阿肯色州成立。经过几十年的发展，沃尔玛公司已经成为美国最大的私人雇主和世界上最大的连锁零售商。目前，沃尔玛在全球开设了超过7 000家商场，员工总数190多万人，分布在全球14个国家。每周光临沃尔玛的顾客达1.76亿人次。

案例：目前，沃尔玛在中国主要有两种形式：沃尔玛购物广场和山姆会员商店。

中国第一家沃尔玛购物广场于1996年在深圳开业，沃尔玛以“天天平价”“购物广场”“顾客第一”等创新理念提供了一种独特的购物体验。为确保顾客的需要得到满足，每家沃尔玛购物广场都雇有200至550名员工，致力于为顾客提供出色盛情的服务。

沃尔玛推崇低价销售策略。一方面，沃尔玛通过庞大的销售量不断提高自身的议价能力，从进货渠道、分销方式、营销费用、行政开支等各方面节省资金；另一方面，沃尔玛通常采取采购与营运分离的做法，即直接从工厂进货后，根据每个分店需求配送。商品的利润基本全部来自顺差毛利，厂商需要缴纳的费用也通过商品的形式体现，直接从贷款中扣取，即降低厂商商品价值。

2018年沃尔玛中国仍然饱受“关店说”的困扰，半年关店16家。据沃尔玛2018年第四季度业绩报告，中国市场的同店销售额较上年同期下降了0.2%，对于业绩下降的原因，沃尔玛认为主要缘于中秋节从2017年的10月转移到9月、来自在线和传统零售商的激烈竞争以及受中国宏观经济环境影响。尽管如此，2016—2018年，沃尔玛中国的市场占有率以及单店平均销售额仍均走高。

——本案例来源于百度文库

案例分析要点：运营分离模式。

案例分析：

相比于营采合一，采购与营运完全分离显然更加符合工业控制的原理：两者之间在内部完全绝缘，不仅仅使商业贿赂成为不可能，更加促使了各职能部门的高效与专一。

三、课后案例引入

课后案例引入 1：2019 年盒马鲜生运营模式分析：发展概况

盒马鲜生创立于 2016 年，是阿里巴巴对线下超市完全重构的新零售业态，将超市、餐饮店、菜市场业态融合在一起，供消费者到店消费；采取会员制的方式，只支持支付宝付款，同时提供通过盒马 App 线上下单的采购方式。盒马鲜生多开在居民聚集区，以快速配送为特色：门店附近 5 千米范围内，30 分钟送货上门。

阿里巴巴希望通过线上驱动淘系消费数据能力，线下布局盒马与各百货商场、购物中心等开展更丰富的合作形式。截至 2019 年 9 月 30 日，盒马鲜生门店数量超 170 家，覆盖全国 22 个城市。

2019 年盒马鲜生运营模式分析：业绩概况若维持 2018 年的用户购买情况，盒马 1.5 年以上门店单店日均销售额超过 80 万元，线上销售占比超过 60%。盒马的单店平均面积为 4 000 平方米，单店坪效超过 5 万元，经营效率超过同类型大卖场 2~3 倍。

2019 年盒马鲜生运营的商业模式分析：它的商业模式不同于传统零售，盒马鲜生运用大数据、互联网、自动化等技术及先进设备，把整个门店的运营打造成有机的整体，对供应链、仓储、配送三个环节进行流程化、数据化、标准化管理。线下门店、物流以及线上 App 实现“超市+餐饮+物流+企业与粉丝互动”的新零售模式，形成了一个强大的复合功能体。

2019 年盒马鲜生运营自有品牌模式分析：盒马鲜生以更富裕的 80 后和 90 后消费者为目标客群，针对其追求生活品质但家庭人数不多的特点，生产目标导向产品，已经初步形成了自有品牌的商品体系，基本涵盖日常型、改善型和极致型消费需求。截至 2019 年 10 月底，“盒马牌”已经拥有近 1 000 种商品，将自有品牌的占比做到了 10%，其中非标品占比 2%。

——本案例来源于夏清明的《市场营销学》

问题思考：

1. 在新的分销环境下，盒马鲜生应该怎样面对？
2. 盒马鲜生运营模式相比传统的运营模式的优点是什么？

课后案例引入 2：劲霸男装与上海馨禾食品

劲霸男装（上海）有限公司创立于 1980 年，总部位于上海长风生态商务区，现人员总数超过 500 人。劲霸男装专注夹克，它用独特设计终结了夹克的单调，从而成为中国高级时尚夹克领先者。当民族服装品牌线下销售进入“寒冬”之际，劲霸将发展中心开始向移动电商转移，但如何将微信公众号的粉丝流量转化为稳定的销量却困扰着传统企业。

劲霸男装于2016年8月开始合作微分销产品，在9月17日，导入有奖竞猜活动，当日订单达到1 000件，单日单品创收20万元；在微分销便捷的“开设分店”“提供佣金”的模式下，将线下“直营+分销”的模式复制到线上，为其提供了简单易行的O2O方案。

上海馨禾食品有限公司创立于2008年，最开始以有机食品为主打商品，其中拥有总代理资质的产品达100多种。通过引入微分销，使供货商与分销商建立密切联系。目前，公司在全国已有700多家合作经销商，被评为海关进口A类企业。

通过引入微分销“二级佣金”模式①，微信公众号和产品得到了海量曝光，最高单日“新关注用户”达到1 800个以上，商品销量节节攀升，品牌知名度也越来越高，使移动电商与传统进口贸易业务完美融合。

在现代商品经济条件下，生产和消费在时间、空间、数量、品种结构上是分离的，要解决这些问题以及商品所有权的转移和生产者、消费者之间的信息沟通，大都离不开中间商或其他中介机构。分销渠道决策就是企业如何对这些中介机构进行选择和管理。

——本案例来源于夏清明的《市场营销学》

问题思考：

1. 如何看待分销渠道的冲突？
2. 如何确定企业的经济订货批量？

四、课后思考题

1. 企业应当如何在渠道的长度和宽度上进行决策？
2. 什么是垂直营销系统？有哪些主要类型？
3. 设计一个高效的分销渠道主要应做哪些工作？
4. 中国传统渠道的利与弊分别是什么？

① 微分二级佣金模式，即微信二级分销模式利润分成模式，就是在原本三级的模式上减少了一个利益层级关系，就是分销商ABC的模式，A发展B，B发展C，C就是A的二级分销商，这是一个官方许可的发展模式，二级分销模式的利润分成就是按照二级分销的模式来开发的。

第十章
促销策略

一、理论部分

促销的概念：促销是指企业通过人员推销或非人员推销的方式，向市场中目标客户群体展示产品或服务的存在及其功能、特征、用途、性能等信息，通过主动帮助客户认识产品、了解产品等所带给客户的利益，从而引起或激发购买者的消费欲望，引起消费者兴趣，最终使消费者产生消费行为的活动。

人员推销的形式：人员推销是指企业通过派出推销人员与一个或一个以上可能成为购买者的人交谈，作口头称述，以推销商品，促进和扩大销售。

推销人员的管理：人员推销作为企业最重要的营销方式，在企业发展中居于重要地位，因此，企业要制定有效的措施和程序，加强对销售人员的挑选、招聘、培训、激励、激励和评价。企业只有通过一系列的管理控制活动，才能把销售人员融入整个经营管理过程，使之为实现企业的目标而努力。

广告促销：在制定广告方案时，营销管理人员必须从四个方面着手，即广告目标、制定广告预算、广告策略和评价广告效果。

营业推广：营业推广又称销售促进，是指"那些不同于人员推销、广告和公共关系的销售活动，它旨在激发消费者购买和促进经销商的效率，诸如陈列、展出、展览表演和许多非常规的、非经常性的销售尝试。"

公共关系：公共关系是指企业为搞好与公众的关系而采用的相关策略与技术，企业进行公共关系的目标，就是促进与社会公众的关系，树立良好的企业形象，最终达到扩大企业产品销售的目的。

二、案例引入

案例引入 1：江小白的成功之处

案例背景资料：白酒一直以来给人的感觉都是一种高大上的品牌形象，是长辈们交际应酬的酒类，与年轻人不符。白酒行业是个传统行业，产品设定高端统一，产品包装也都是比较高端典雅，通常带有精致的礼盒。其消费群体大多数都是中老年人，年轻人喝白酒的较少。在这样一个行业传统下，江小白则另辟蹊径，将“80”“90”这一代的年轻人作为消费群体，进行需求挖掘，并推行社会化营销并取得了成功。江小白的成功离不开准确的营销策略，在传统的营销策略上结合时代特点进行了创新。

案例：说起江小白，你可能首先想到的是它走心的文案。最近几年，随着大众的消费升级，购买商品更注重品质、品牌。在以前，白酒的消费人群是那些步入社会多年的中年人，白酒文化更像中年人的文化，似乎在年轻人这块并不讨喜。

虽说有名的白酒品牌不少，但却没有一款懂年轻人的酒。以青年人为消费群体的这块市场还处于空白，而江小白的出现就弥补了这一空白。江小白营销的成功体现了它独有的营销策略和商业战略眼光，其产品定位年轻人，为青年人量身打造。

江小白从一开始就将其销售者定位在对传统白酒不甚喜欢的年轻人身上。网上有个段子，不是年轻人不懂白酒，而是白酒不懂年轻人。“我是江小白”这原本只是江小白的品牌标语，而如今已经成为青春的代名词了。

白酒作为餐桌上必不可少的消费品，“酒局”文化随之应运而生，而年轻人对这种所谓的“客气”文化并不认可。人生就应该活得简单、青春、自由，相信这是很多年轻人都认同的人生态度。

江小白无论在线上还是线下，广告打得都很好，其利用互联网或线下的营销广告都很符合消费者的胃口。江小白在《从你的全世界路过》《北上广依然相信爱情》《好先生》等影视剧都植入了广告。

同时，江小白在动漫这方面很重视，《我是江小白》第一季2018年已经完结，很多网友表示这部动漫很有感染力。抖音和快手也有江小白的植入广告。

江小白是草根出身，没有强大的品牌力的产品力，同时基于长期战略发展，以及对未来渠道变革的洞察，其采用了平台直营深度分销模式。江小白的文案切中这两大营销痛点，精致时尚的青春卡通形象，经典的语录文案切中消费者的内心痛点，消费者认为句句说到心坎里去了，表达出他们内心所想要表达的喜怒哀乐，使得年轻的消费者自发购买。

——本案例来源于百度文库

案例分析要点：促销的途径。

案例分析：

（1）明确的市场定位。江小白选择的是消费基数最大、消费能力最强的年轻群体，没有走传统行业的老路，首先其市场定位就实现了创新。有了清晰的市场定位，江小白针对这一消费群体，在市场细分的基础下进行了产品的创新。

（2）新颖的产品策划，即多种产品规格、独特的产品包装、精准的营销模式、简单的分销渠道。

（3）人员推销。选聘培训推销人员，以线上和线下实地推销的方式为消费者导入江小白产品和产品理念。

（4）广告策略。广告投放主要以年轻人接触最多的影视广告、网站广告、新媒体广告等为主。

案例引入 2：安德玛（Under Armour）的自救之路

案例背景资料：Under Armour 是美国体育运动装备品牌，靠运动紧身衣起家。

案例：2020 年对于任何运动品牌而言，注定是艰辛的一年。尤其是成立于 1996 年的美国体育运动装备品牌 Under Armour，从 2020 年 1 月至 2020 年 10 月 12 日，其股价已从 21.85 美元跌至 10.97 美元，跌幅近乎 50%。这家曾是全球第三的运动品牌公司，如今开始走下坡路，按市值来算，它已排在了五名开外。

雪上加霜的是，由于疫情影响，Under Armour 计划在全球范围内裁员 600 人，预计裁员将花费 2.35 亿美元。其线下销售更是业绩惨淡，第二季度销售额同比下降 41%至 7.08 亿美元，净亏损录得 1.83 亿美元。其中，直接面向消费者的销售额下降 13%，至 3.68 亿美元。

困境之下，Under Armour 把挽救业绩的希望寄托在中国市场。自 2011 年进入中国市场以来，Under Armour 在中国所开设的 400 多家门店，基本都位于一二线城市核心商圈的标杆购物中心内，且近几年一直维持着两位数的增长率。2020 年第二季度，Under Armour 在中国市场的运营更实现了快速恢复。

2020 年 6 月 14 日，Under Armour 官宣演员韩东君，终极格斗冠军赛（UFC）草量级世界冠军张伟丽成为“UA 大家庭”新成员。前者是演员，也是专业的赛车手，拒绝“柔弱小生”的标签，其在滑雪、射击、自由搏击等领域也是一枚“老手”；后者则是首位站在世界上顶级、规模最大的职业综合格斗（MMA）赛事 UFC 冠军赛最高点的中国女性。

从这两位新的品牌代言人，不难看出 Under Armour 在中国市场的营销策略：用明星触达年轻消费者，以运动员为品牌专业度背书。

一方面，要向年轻消费者不断渗透。本来年轻人养生，早已不是什么新鲜话题。但在疫情之下，年轻消费者健康需求激增，更倒逼一帮佛系青年走上健身之路。签约韩东君，其“健身狂魔”的标签与品牌定位相匹配，而且他在年轻消费群的好口碑足以带动粉丝流量。

另一方面，强化自身的“专业”属性，作为在国际竞技舞台斩获荣耀的运动员，2019 年 8 月张伟丽成为中国及亚洲首位 UFC 冠军；2020 年 3 月，在美国拉斯维加斯举行的 UFC 女子草量级世界冠军卫冕战上，她以点胜优势击败波兰前冠军乔安娜，成功卫冕金腰带。这场胜利让张伟丽在国内外名声大噪，尤其是在国内有极高的国民度，其商业价值也逐渐凸显出来。选择张伟丽成为 Under Armour 的代言人，可强化消费者对品牌专业度的信任感，从而激发对产品的认可。今年年初

Under Armour 以“有我就没完（The only way is through）”的 2020 年度品牌精神策略作为指引，用张伟丽的个人故事为原型拍摄影片，回顾讲述了她成长路上“有我就没完”的强者故事，内容吸引了 570 万余次互动，总浏览量超 3 200 万次。

虽然此前 Under Armour 签约美国职业篮球联赛（NBA）篮球运动员史蒂芬·库里和巨石强森在北美地区闯出一片天，但相较之下，中国地区的代言人更为多元化、立体化。除了张伟丽，前全国跆拳道冠军兼演员张蓝心曾是 Under Armour 的首位中国代言人；2019 年，该品牌更相继签下中国女排队长朱婷及中国篮球协会三人篮球各组别国家队。意识到与年轻一代建立联系的重要性，除了签约体育明星，Under Armour 也在不断尝试往娱乐领域延伸，早在去年就跟选秀明星杨超越签约，积极往“体娱融合”的方向发展。从不直播、打折却在中国低下了高傲的头颅，一直以来，Under Armour 给人的形象是：高冷、不接地气，而“不打折”则成为其品牌标签。

而让消费者对品牌有这样的印象，主要在于其品牌调性和产品价格。上文曾提及，Under Armour 门店在中国市场的地理位置一般位于市中心优质地段，而且它还被定义为“教练最爱的品牌”，笔者在 Under Armour 广州太古汇店观察，不做促销活动的话，通常一件普通运动上衣价格原价 1 000 元以上，一件女性低冲击运动内衣原价达 300 元以上。

在今年“618”① 前夕，放出张伟丽和韩东君的官宣代言消息及影片之余，Under Armour 选择在中国市场则放下身段，通过发力线上直播来提升品牌号召力。

6 月 6 日，Under Armour“618 最强运动场”主题直播上线，其直播观看量突破 32 万人次。

6 月 11 日，Under Armour 走进了李佳琦直播间，为“所有女生”带来专业运动装备，产品一经上架瞬间被全部秒杀。

——本案例来源于百度文库

案例分析要点：促销政策。

案例分析：

Under Armour 运用广告促销策略，通过聘请符合中国市场的中国代言人在 618 前夕，放出张伟丽和韩东君的官宣代言消息及影片并运用杂志、电视和互联网提高知名度。

①营销资源向中国市场倾斜；②聘请品牌代言人，如：韩东君、张伟丽；③直播带货；④促销折扣；等等。

案例引入 3：百事可乐公司销售返利政策

案例背景资料：百事可乐推出返利是想利用返利的两种特殊功能，即激励和控制，以此来提升整体销量、完善市场、加速回款、扩大提货量等。

① 618：每年 6 月是京东的店庆月，在店庆月京东都会推出一系列的大型促销活动，以“火红六月”为宣传点，其中 6 月 18 日是京东促销力度最大的一天。

案例：百事可乐公司对返利政策的规定细分为五个部分：年扣、季度奖励、年度奖励、专卖奖励和下年度支持奖励，除年扣为“明返”外（在合同上明确规定为1%），其余四项奖励为“暗返”，事前无约定的执行标准，事后才告之经销商。

（1）季度奖励。季度奖励在每一季度结束后的两个月内，按一定进货比例以产品形式给予。同时，百事可乐公司在每季度末派销售主管对经销商业务代表进行培训指导，帮助落实下一季度销售量及实施方法，增强相互之间的信任。合同上还规定每季度对经销商进行一些项目考评，例如实际销售量；区域销售市场的占有率；是否维护百事产品销售市场及销售价格的稳定；是否执行百事可乐公司的销售政策及策略；等等。

（2）年扣和年度奖励。年扣和年度奖励是对经销商当年完成销售情况的肯定和奖励。年扣和年度奖励在次年的第一季度内，按进货的一定比例以产品形式给予。

（3）专卖奖励。专卖奖励是经销商在合同期内，在碳酸饮料中专卖百事可乐系列产品，百事可乐公司根据经销商销量、市场占有情况以及与百事可乐公司合作情况给予的奖励。专卖约定由经销商自愿确定，并以文字形式填写在合同文本上。在合同执行过程中，百事可乐公司将检查经销商是否执行专卖约定。

（4）下年度支持奖励。下年度支持奖励是对当年完成销量目标、继续和百事可乐公司合作，且已续签销售合同的经销商的次年销售活动的支持，此奖励在经销商完成次年第一季度销量的前提下，在第二季度的第一个月以产品形式给予。

——本案例来源于百度文库

案例分析要点：营业推广。

案例分析：

（1）企业应根据过程管理的需要综合考虑返利标准。在制定返利政策时，不要单一地以某种指标为标准，而应根据过程管理的需要综合评定，既要重视激励，也要重视过程管理。这样既可以帮助经销商提高业绩，又能防止经销商的不规范运作，还可以培育健康有序的市场环境。

（2）企业应根据市场阶段调整返利侧重点。用返利来激励经销商，企业首先要弄清现阶段要达到的具体目标是什么，这样才能有的放矢，得到真正想要的东西。而在不同的市场阶段，企业的重点目标是不同的。

（3）市场阶段返利的侧重点也应不同，如此才能做到激励目标与企业目标的统一。

案例引入4：奥利奥

案例背景资料：奥利奥于1996年进入中国市场，在中国，它已经发展成为最具影响力的、最成功的饼干领导品牌之一。

案例：2015年，奥利奥广告正式打响“玩转奥利奥”新概念，推出“趣玩新花样”活动，不仅建议商品样式革新，还一同将方针人群锁定在繁忙的上班族，鼓舞他们个性化定制表情，并共享，引起传达。

奥利奥的“把戏表情 自造工厂”活动，意在给每个身处繁忙日子的人带来欢乐和兴趣，以饼干形象为载体，激起构思幻想，让用户再创造，并可共享出去，该活动渗透进消费者天天的碎片化日子中，取得了较好的传达作用。

奥利奥“满是心奇共享”品牌传达平台于 2014 年首次推出，鼓励大家通过孩子的视角去看待这个国际，并经过共享奥利奥翻开我们的心房，让想象力飞翔。这是一部为少女集体量身创造的广告片。要知道，少女买零食，除了对于包装规划和口味很重视，还十分害怕吃太多的甜食让自己发胖。

广告片挑选了契合小女生的粉色，整体调性新鲜浓艳，粉色的连身短裙、粉色的花瓣、洁白的小狗、淡粉色的房子、透明的玻璃设备装满饼干拼成轻甜 2 字，全部都让人看了无比新鲜。其间少女轻盈的姿态暗示了不会发胖的隐含情绪，不断出现的“有点甜，又不是太甜”的广告语，也一直在强化这种印记。孩子是奥利奥的核心食用集体，但家长给不给孩子买才是问题所在。作为 2013 年奥利奥“扭开亲子一刻”全国性社会举动的收官之作，奥利奥将传达聚焦于亲子关系，利用互联网众筹概念，联合著名导演冯小刚，选择了 20 组家庭的实在故事，拍照成微影片。

该奥利奥广告微影片向我们揭示，无论是在高兴时、苦楚时、害怕时，还是迷茫时，孩子总是在身边，他们也能给你鼓舞和安慰。温馨的亲子关系的演绎，感动人心，也让品牌所提倡的价值建议进一步提高。

新年是中华民族的传统节日，到了新年，每个人都非常高兴，在购物方面的需求，也空前高涨。那么，怎么借这个机会输出品牌价值观，激发购买愿望呢？

奥利奥推出了《悟空给唐僧拜年》的猴年贺岁动画，将自己的商品和经典西游动画相结合，饶有风趣，雅俗共赏，成功地捕获了全国人民的心。奥利奥请来插画牛人，让插画家们选择与品牌价值建议相近的关键字，如 dream、wonder、twist 等为主题，以经典的是非夹心奥利奥作为创造主体，用构思玩出兴趣，让单调的是非配玩出文艺的感觉，深受文艺青年的喜爱。

——本案例来源于百度文库

案例分析要点：广告策略。

案例分析：

奥利奥饼干独有的黑白夹心，既营养又解馋，美味与休闲为一体，这是其品质定位。奥利奥是一种集早餐和休闲零食为一体的饼干，对上班族和上学的孩子进行重点推广，这是其人群定位。奥利奥所有广告都使用儿童趣味元素，观众在轻松愉悦欣赏儿童的表演时，也认可了品牌，这是其情感定位。

案例引入 5：蒙牛真果粒

案例背景资料：蒙牛真果粒是蒙牛集团推出的全球首款含有可嚼果粒的新一代饮品。

案例：《青春有你》的高光故事仍历历在目，爱奇艺青年综艺《青春有你 2》接棒年初的璀璨，紧接着续档。值得关注的是，本季节目冠名商仍旧是蒙牛真果粒，今年合作的是旗下主打低脂乳酸菌的新产品花果轻乳。品牌主连冠两季，足以见得《青春有你》系列知识产权（IP）的商业营销价值与爱奇艺“技术+内容”双驱动的营销能力。在市场寒冬的大背景下，蒙牛真果粒与《青春有你 2》再度携手，不仅是看中了爱奇艺在青年励志综艺赛道持续的内容布局和产业深耕，更是对爱奇艺品牌营销能力的极大肯定。

无论是真果粒形象 IP 走出荧屏，化身果粒总与训练生共同成长，通过为训练生时刻补充能量、提供蒙牛真果粒专属应援大巴接送往返公演地点等方式，担任训练生和青春制作人间的暖心信使实现“双向应援”，还是在让青春制作人高呼“我可以”的绝美创意中插广告……爱奇艺以品牌互动营销的多元玩法助力蒙牛真果粒与年轻消费者站在一起，并借助即将展开的二次合作，持续延长 IP 生命周期实现品牌突围。

不仅如此，蒙牛真果粒还携手爱奇艺通过 IP 价值观感染营销与用户实现了情感乃至价值观上的深度共鸣，通过“百万森林”公益计划，和训练生们一起绿化沙漠保护地球，以“善行”的正面形象将品牌和节目、品牌精神和节目价值观形成强势绑定，极大提高用户对品牌的好感度。

在消费者心目中形成品牌认知并留下品牌烙印是持续建立品牌厚度的过程。在季节目中，蒙牛真果粒已经通过上述营销合作在受众心目中抢占认知，二度携手依然延续营销势能持续投资品牌建设，形成品牌专属资产实现价值增长。相信随着节目舞台、导师、赛制、玩法、话题、营销的升级，品牌价值建设进阶营销将被赋予更大的想象空间。

——本案例来源于百度文库

案例分析要点：营销方式。

案例分析：

通过打造综艺节目，爱奇艺利用 IP 价值观感染营销，以 IP 内容链接品牌，以价值观营销感染用户，实现品牌与用户情感乃至价值观上的深度共鸣，成功占领用户心智。让品牌植入更自然贴切，引发用户主动的社交分享，为广告带来最大的品牌曝光。

三、课后案例引入

课后案例引入：南航与微信

“对今天的南航而言，微信的重要程度等同于 15 年前南航做网站！”中国南方航空司（以下简称“南航”）总信息师胡臣杰说道。2013 年 4 月 26 日，在《商业价值》杂志举办的“2013 制造业转型升级中国行系列论坛”之深圳站研会上，胡臣杰次公开讲述南航微信的秘密，揭开了南航微信的神秘面纱。

在 2013 年 6 月 5 日的腾讯“把脉”沙龙上，微信产品总监曾鸣讲述了腾讯眼中微公众平台的七个精品案例，南航微信位列其中，并被称为“整个行业的样本”。

“你如何使用微信决定了微信对你而言到底是什么”腾讯公司副总裁、微信团队负责人张小龙在接受《商业价值》杂志记者采访时如此表态。那么，对于南航而言，微信到底是什么？曾鸣在介绍南航微信公众账号时表示，其亮点是“微信值机手续，业务查询，提供个性化服务”。

2013 年 1 月 30 日，南航微信发布第一个版本，并在国内首次推出微信值机服务。随着其功能的不断开发完善，机票预订、办理登机牌、航班动态查询、里程查询与兑换出行指南、城市天气查询、机票验真等通过其他渠道能够享受到的服务，用户都可通过与南航微信公众平台互动来实现。

2013 年 4 月 25 日，南航微信用户达到 20 万人，其中有 2 万~3 万人通过微信绑定了明珠会员卡，绑定后，用户可以直接通过微信获取里程查询、里程累积等会员服务。随着微信用户数量的上升，这一比例将进一步提高，这意味着南航又多了一个与会员沟通渠道。

截至 2013 年 6 月 18 日记者采访时，南航微信公众账号已经有超过 50 万用户，且以每天 4 500~5 000 人的速度增长。“面对这样一个量级的应用，没有理由不去重视”胡臣杰说道。有报道称，随着微信的进一步商业化，未来有 50%的 App 可能会消失，这并不是危言耸听。

正是由于对微信的重视，如今微信与网站、短信、手机 App、呼叫中心一并成为南航五大服务平台。为什么微信平台会如此受重视？“微信拥有包括短信、网站、呼叫语音、手机 LBS（移动定位服务）等所有特性，拥有广大的用户资源，而且大家每天都会看，”南航信息公司技术总监如此解释。

当然，重要并不意味着可以独大，未来五大服务平台仍将并存。“与原有的相比较，微信更强调一对一的沟通。”龙庚认为，“不同的用户会有不一样的选择。对用户来说，微信的意义在于多了一种可选择的沟通渠道。”南航做过这样的统计：当微信用户达到 30 万的时候，其中有 9 000 多名会员是抛弃了 App 转而使用微信的，大部分用户还是微信和 App 同时使用。

“微信的起点就是一套消息系统”张小龙进一步解释说，“这个消息系统的核心就是对象和信息，其最关键的使命是沟通。”南航显然深谙微信的出发点，并没有大张旗鼓地做微信营销。

微信只出现在应该出现的地方，比如，当用户通过短信预约办理值机时，才会提示用户关注南航官方微信号。此外，南航微信只是通过南航的官方微博、机上杂志等方式进行展示推广，而且，南航对于群发消息会特别慎重，以避免对用户造成骚扰。最开始测试时就发现，经常群发一次就会“丢掉 100 个粉丝”。

“微信不是营销工具，它可能会侧重服务和精品化的路线。”曾鸣公开给出了对微信公众平台的官方态度。恰好南航也一直按照精品化的线来发展微信，完善其大数据时代的体验式服务。

早在2009年南航以“以产品为中心”向“以客户为中心”转型时，就对旅客旅行过程中的行为进行了剖析，分解出12个关键步骤：制订旅行计划→订座出票→值机→两舱服务（头等舱、商务舱）→机舱服务→行李服务→到酒店→酒店入住→离开酒店→到机场值机→个性化互动→下次旅行计划，并且针对各步骤进行服务的优化和改进，打造了一个围绕旅客旅行过程的“全行为链”服务网络。

“在南航看来，微信承载着沟通的使命，而非营销。”胡臣杰表示，南航同样希望用户在旅行的过程中能够感受到南航微信始终陪伴在身边。6月27日，南航上线一个新的微信版本，新增并完善了包括机票预订、订单管理、出行指南等核心功能。通过以客户为中心的沟通和服务方式，开发差异化产品、提供个性化服务，可以让南航保持一直以来的同业竞争优势。

作为移动互联网的“超级入口”，用户可以在微信上订阅各种内容和服务，不管是去App还是网站，都会从微信直接跳转——微信已然成为一种生活方式。

如果将这种方式延伸至工作中，南航不担心员工在工作时间用微信休闲娱乐而耽误工作吗？龙庚坦言毫不担心，通过微信应用展开工作方便快捷，而且他们本身也非常喜欢玩手机，这种社会信息化带来的互联网技术（IT）红利，为何不用呢？

“在具体的工作场景中，微信更是一种工作方式。”龙庚总结道。这与张小龙的表达具有异曲同工之妙：“微信的价值开始进一步提升到新的层次，那就是降低信息输入和信息输出的成本，增加信息的总量和流动效率。”

——本案例来源于夏清明的《市场营销学》

问题思考：

1. 与传统电视、报纸、户外广告等相比，微信对营销沟通有哪些独特的影响？
2. 微信是一种什么样的营销沟通方式？

四、课后思考题

1. 什么是促销？促销组合包括哪些内容？
2. 什么是广告？如何选择广告媒体？
3. 推销人员的工作主要有哪些？
4. 确定促销方式时应考虑哪些因素？

第十一章
营销礼仪与沟通

一、理论部分

礼仪是对礼节和仪式的统称。它与礼貌和礼节相互区别又相互联系。礼仪的构成要素：礼仪主体、礼仪客体、礼仪媒介、礼仪环境。

市场营销礼仪的基本原则：平等原则、诚信原则（不浮夸产品、不说谎、不轻易承诺）、互利互惠原则、谦虚原则。营销礼仪仪式中有：①开业仪式（仪容要整洁、服饰要规范、要遵守时间、表情要庄重、态度要友好、行为要自律、发言要简短）；②签字仪式（位次排列、基本程序）；③营销宴请。

营销沟通的含义：人与人之间，人与群体之间思想与感情的传递和反馈的过程，以求达成思想的一致和感情的顺畅。沟通的类型：语言沟通、书面沟通、非语言沟通。

市场营销沟通技巧：市场营销人员的服务态度，服务方式影响消费者的情感过程。要让消费者感觉良好，首先，为消费者着想；其次，耐心介绍；最后，提高企业的信誉度。

产品推销五步骤：①气氛和谐；②引发兴趣；③提供解答；④介绍产品时要具体不要笼统；⑤完成交易。沟通时要保持适当的谈话音量，熟练控制说话的语调。

二、案例引入

引入案例 1：一家英国汽车公司在美国的成功

案例背景资料：英国一家著名的汽车公司在美国刚刚“登陆”时，急需找一家美国代理商来为其销售产品，以弥补他们不了解美国市场的缺陷。

案例：当英国汽车公司准备与美国的一家公司就此问题进行谈判时，英国公司的谈判代表路上堵车迟到了。美国公司的代表抓住这件事紧紧不放，想要以此为手段获取更多的优惠条件。英国公司的代表发现无路可退，于是向美国公司真诚道歉，并承诺给予美方以适当的优惠利润。美方自然乐于接受这一点，由此两家公司达成了协议。

——本案例来源于百度文库

案例分析要点： 谈判礼仪。

案例分析：

营销礼仪有许多种，其中就有谈判礼仪，在谈判中，若有一方因其他原因造成对方利益损失，理应对对方有所赔偿，弥补过失，用真诚挽回合作。英国公司就做得很好，他们不因美国的刁难而退步，而是选择真诚道歉以求得双方合作，达到利益最大化。

案例引入 2：托马斯（Thomas）与同学的见面礼仪

案例背景资料： Thomas 是一个英国人，在大学读书时学习非常刻苦，成绩也非常优秀，几乎年年都拿特等奖学金，为此同学们给他起了一个绰号“超人”。

案例： 大学毕业后，Thomas 顺利地获取了继续攻读硕士学位的机会，毕业后又顺利地进入一家公司工作。一晃八年过去了，Thomas 现在已成为公司的部门经理。一天，Thomas 受邀参加一个商务酒会，刚到不久，就发现有一男一女两个人向他们走来。其中一个人边走边伸出手大声地叫。这时，Thomas 才认出说话的人正是他大学时候的中国同学王峰，今天正好也来参加酒会。此时，王峰和 Thomas 彼此都既高兴又激动。两人寒暄了很久，王峰这时才想起向 Thomas 介绍自己的妻子。

——本案例来源于百度文库

案例分析要点： 见面礼仪。

案例分析：

在许多商务场合，见面礼仪也是不可少的，见面礼仪用得怎么样决定你是否能拉到更多的客户，见面礼仪中有与熟人见面，与陌生人见面的礼仪之分，案例中 Thomas 与王峰就是熟人见面，没有过多拘礼。

案例引入 3：小黄面试失败了

案例背景资料： 小黄是个时尚的、高傲的女孩子，长相漂亮，学历也高，就是不注意细节，过于自负。

案例： 小黄去一家外企进行最后案例轮总经理助理的面试。为确保万无一失，这次她做了精心的打扮。一身前卫的衣服、时尚的手环、造型独特的戒指、亮闪闪的项链、新潮的耳坠，身上每一处都是焦点，简直是无与伦比、鹤立鸡群。况且她的对手只是一个相貌平平的女孩，学历也并不比她高，所以小黄觉得胜券在握。但面试结果却出乎意料，她并没有被这家外企所认可。主考官抱歉地说：“你确实很漂亮，你的服装配饰无不令我赏心悦目，可我觉得你并不适合干助理这份工作，实在很抱歉。”

——本案例来源于百度文库

案例分析要点：面试礼仪。

案例分析：

面试也是一门学问，懂得面试礼仪能帮助你找到心仪的工作，我们应该时刻注意自己的衣着和配饰，并分清场合。对于配饰，宜少不宜多，否则给人一种张扬、压抑、零乱、不稳重的感觉。案例中小黄就是没有分清楚场合。

案例引入 4：小张的应聘

案例背景资料：小张大学四年，在各类刊物上发表了 3 万字的作品，内容有小说、诗歌、散文、评论、政论等，还为六家公司策划过周年庆典，一口英语表达极为流利，书法也堪称佳作。小张五官端正，身材高挑、匀称。

案例：一次某公司招聘文秘人员，由于待遇优厚，应聘者很多。中文系毕业的小张同学前往面试，她的背景材料可能是最棒的，面试时，招聘者拿着她的材料等她进来。小张穿着迷你裙，露出藕段似的大腿，上身是露脐装，涂着鲜红的唇膏，轻盈地走到一位考官面前，不请自坐，随后跷起了二郎腿，笑眯眯地等着问话，孰料，三位招聘者互相交换了一下眼色后，主考官说："张小姐，请回去等通知吧。"她喜形于色："好！"挎起小包飞跑出门。

——本案例来源于豆丁网

案例分析要点：应聘礼仪。

案例分析：

我们在找工作应聘时应严格按照要求来，不然容易被刷下来，案例中小张服装过于时髦和前卫，不规范，不庄重，给人轻浮的感觉；化妆过于浓艳和夸张；举止归于随意，不文明不优雅；"不请自坐"和"翘起了二郎腿"等给人的感觉是缺少基本涵养。

案例引入 5：不会沟通，从同事变成了冤家

案例背景资料：小贾是公司销售部一名员工，为人比较随和，不喜争执，和同事的关系处得都比较好。

案例：前一段时间，不知道为什么，同一部门的小李老是处处和他过不去，有时候还故意在别人面前指桑骂槐，对跟他合作的工作任务也都有意让小贾做得多，甚至还抢了小贾的好几个老客户。起初，小贾觉得都是同事，没什么大不了的，忍一忍就算了。但是，看到小李如此嚣张，小贾一赌气，告到了经理那儿。经理把小李批评了一通，从此，小贾和小李成了绝对的冤家。

——本案例来源于百度文库

案例分析要点：工作关系沟通。

案例分析：

在与同事相处中要学会沟通，不然彼此之间的小矛盾会逐渐变成大矛盾，从而

影响自己工作心情，降低工作效率，案例中，小贾在面对小李的刁难时没有询问原因就跑到经理那里去告状，让彼此矛盾更加难以化去。

案例引入 6：别人听不懂的“语言”

案例背景资料：ERA 是一个日资企业中的日籍雇员，在制造部门担任经理。ERA 一来中国，就对制造部门进行改造。ERA 发现现场的数据很难及时反馈上来，于是决定从生产报表上开始改造。ERA 借鉴日本母公司的生产报表，设计了一份非常完美的生产报表，从报表中可以看出生产中的任何一个细节。

案例：每天早上，所有的生产数据都会及时地放在 ERA 的桌子上。ERA 很高兴，认为他拿到了生产的第一手数据。没有过几天，出现了一次大的品质事故，但报表上根本就没有反映出来，ERA 这才知道，报表的数据都是随意填写上去的。为了这件事情，ERA 多次找工人开会强调，认真填写报表的重要性，但每次开会，在开始几天还可以起到一定的效果，但过不了几天又回到了原来的状态。ERA 怎么也想不通。ERA 的苦恼是很多企业中的经理人一个普遍的烦恼。现场的操作工人，很难理解 ERA 的目的，因为数据分析距离他们太遥远了。大多数工人只知道好好干活，拿工资养家糊口。不同的人，他们所站的高度不一样，单纯地强调、开会，效果是不明显的。站在工人的角度去理解，虽然 ERA 不断强调认真填写生产报表，会有一定的效果，但这距离他们比较远，而且大多数工人认为这和他们没有多少关系。后来，ERA 将生产报表与业绩奖金挂钩，并要求干部经常检查，工人们才知道认真填写报表与切身利益有关系，才重视起来。在沟通中，我们不要简单地认为所有人都和自己的认识、看法、高度是一致的，对待不同的人，要采取不同的模式，要用听得懂的“语言”与别人沟通。

——本案例来源于豆丁网

案例分析要点：“对症下药”式沟通。

案例分析：

人与人之间理解力，面对事物是不一样的，我们要根据他们各自的情况进行沟通才会事半功倍。

三、课后案例引入

课后案例引入 1：销售新手

营销人员在与客户交往中最容易犯的错误之一，往往是自降身份，把自己放在与客户不对等的位置上。销售新手可以从以下三个方面入手改变这种心理状况。

1. 正确评价自我价值

一些销售人员在从事销售工作时为自卑而感到苦恼，站在客户面前时总会变得局促不安，结结巴巴不知道自己在说什么，总觉得在客户面前自己非常渺小。这是自己的心理在作怪，只有充分肯定自己的价值，才能改变这种心理，一个人的最高仲裁者，不是别人，而是自己，为什么要把评价自我价值的权利交给别人？

2. 克服对大人物的恐惧

马克思十分欣赏这样一句格言，你之所以感到巨人高不可攀，只是因为自己跪着，只要你站起来，自己并不一定比别人矮一截，超越了自卑你一定会超越自己，当你消除了对大人物的恐惧时，你的销售生涯才能真正走上一个新台阶。其实那些老板级别的大人物并非是不可接近的，实际上平易近人也是他们成功的原因之一，只是少数人看上去比较高傲，他们中有很多人是愿意听取意见的，而且也喜欢和普通的销售人员相互沟通。所以你不能因为恐惧这个理由，而不敢去争取与那些可能成为你客户的大人物相结识的机会。这类人物，都是决策者，他们能让你在销售工作上更上一层楼。

3. 正确认识销售工作

说到推销马上就会想到推销产品，其实产品的概念很广泛，除了日常理解的牙刷化妆品、汽车楼盘等物质产品以外，还有信息产品。推销是我们熟悉的一个工作，其实它更是一种人生态度，推销员推销的是产品，而我们每个人都需要在人生道路上推销自己。其实每个人都是自己人生中的推销员，无论你做什么工作，无论你地位高低。所以推销人员要正确认识自己的工作，不要认为自己是销售人员，就低人一等。人人都是推销员，任何事情归根结底都与推销有关，只是你是专职的，他们是兼职的而已，交流双方位置的不同对人的心理是有很大影响的，所以推销人员在销售工作过程中只有与客户平等才能心平气和地开展销售工作。如果你的位置相对比较低，就会影响你情绪的稳定，会感到强烈的不安，因此销售人员与客户面谈时要尽量与对方保持一致，对方站着你也站着，若对方坐着，你也要坐下与他们保持同一高度。

——本案例来源于夏清明的《市场营销学》

问题思考：

1. 销售人员在与客户接触过程中如何调节自己的心态？
2. 对此，你有什么建议？

课后案例引入 2：美国“剪彩”

20 世纪初，在美国的一个乡间小镇上，有家商店的店主独具慧眼，从一次偶然发生的事件中得到启示，并以它为模式开一代风气之先，为商家独创了一种崭新的庆贺仪式——剪彩。这家商店即将开业，店主在门框上系了一条布带子，防止蜂拥的人群涌入店内，将优惠的便宜货抢购一空。不料此举竟更加激发了店外客户的好奇心，促使他们更想早一点进入店内，对即将出售的商品先睹为快，巧的是当店门之外的人们好奇心升到极点的时候，店主的小女儿牵着一条小狗突然从店里跑了出来，那条可爱的小狗无意地将拴在门柜上的布带子碰落，不明真相的人们误以为这是该店为了开张自己所搞的把戏，于是一拥而入大肆抢购。小店开业之日的生意居然红火得令人难以置信，店主认为自己的好运气全是由那条小狗碰落带子所带来的。于是在他旗下的几家连锁店陆续开业时，也如法炮制。久而久之，他的小女儿和小狗无意中发明的程式逐渐成了一整套仪式，先是在美国，后在全世界广为流传，在流传的过程中被人们赋予了一个极其响亮的名字："剪彩。"

剪彩人员应遵守的礼仪：剪彩者是剪彩仪式的主角，一定要注意仪容仪表，剪彩者一般都具有极高的威望，深受大家尊敬和信任。剪彩者的仪容仪表直接关系到剪彩仪式的效果和企业形象。因此，作为剪彩者既有荣誉感，也有责任感。

剪彩者的衣着服饰要大方整洁，容貌要适当修饰，看上去容光焕发，充满活力，给人精干和文明的印象。剪彩者在剪彩过程中，要使自己保持稳重的姿态、洒脱的风度和优雅的举止。当主持人宣布开始剪彩时，剪彩者要面带微笑，步履稳健地向前剪彩，当礼仪小姐用托盘呈上剪彩用的剪刀时，可用微笑来表示谢意，并随即拿起剪刀然后聚精会神严肃认真地把彩带一刀剪断。如果有几位剪彩者同时剪彩，处在外端的剪彩者应用眼睛余光注视处于中间位置剪彩者的动作，力争同时剪断彩带，同时还应和礼仪小姐配合注意让彩球落入托盘内，然后把剪刀放回托盘。有的剪彩者将彩带剪断后，举剪向众人微笑示意，这也是一种礼仪举止，但示意一下即可，不可久停。在剪彩过程中，剪彩者的言谈举止要有节制。剪彩仪式开始前，可以和举办单位领导、来宾及共同剪彩人随意交谈。当宣布剪彩仪式开始后，立即中断谈笑，全神贯注听主持人讲话。如果继续谈笑或向别人打招呼会有失礼仪。剪彩完毕应转身向四周的人们鼓掌致意，这时可与主人进行礼节性谈话或同其他剪彩者进行赞赏性谈话，但时间都不宜过长。在这种场合无休无止地高谈阔论或旁若无人地纵情谈笑都是不合礼仪的。

在剪彩的过程中，在旁边为其提供帮供帮助的人员（助剪者）多由礼仪小姐担任，礼仪小姐有的是从本企业中挑选，有的是从外单位临时聘请。礼仪小姐的基本条件是相貌姣好，身材修长，年轻健康，气质高雅，音色甜美，反应敏捷。礼仪小姐的最佳装束为化淡妆，盘起头发，身着款式面料色彩统一的单色旗袍，配肉色连裤丝袜和黑色高跟皮鞋，一般不佩戴任何首饰。有时礼仪小姐身穿深色或单色的套裙也可，但是她们的穿着打扮必须尽可能统一整齐，要展示端庄的形象。剪彩的程序必须有条不紊，一般来说，剪彩礼仪宜紧凑，所耗时间则 15 分钟即可，长则不超过一小时。

——本案例来源于夏清明的《市场营销学》

问题思考：

1. 剪彩仪式过程中礼仪人员应注意哪些问题？
2. 是否所有的商店开门都需要剪彩呢？

四、课后思考题

1. 如何做一名优秀的沟通人员？
2. 如何在与客户沟通交流时给客户留下良好的印象？

第十二章
市场营销策划

一、理论部分

营销策划：市场营销策划活动的主体，根据企业的整体战略，在对企业内部条件和外部环境分析的基础上，设定预期的营销目标并精心构思、设计和组合营销因素从而高效率地将产品或服务推向目标市场的操作程序（回答做什么、何时做、何地做、谁去做、如何做的问题）。

市场营销策划的特点：①前瞻性；②战略依托性；③科学性；④目的性；⑤程序性；⑥创新性。

市场营销策划的类型：

（1）按营销策划作用时间的长短划分：过程策划、阶段策划、随机策划。

（2）按营销策划的主体划分：企业内营销策划、第三方营销策划。

（3）按营销策划的客体划分：市场调研策划、营销战略策划、新产品开发策划等。

（4）按营销策划的目标划分：营销战略策划、营销战术策划。

市场营销策划的原理：

（1）人本原理，是指营销策划以人力资源为本，通过探究消费者的需求和发挥策划人的创造性，来推动企业发展的理论，即“天人合一”的理念。

（2）差异原理，是指在不同时期，对不同主体，视不同环境而做出不同选择的理论体系。

（3）整合原理，是指营销策划人要把所策划的对象视为一个系统，用集合性、动态性、层次性和相关性的观点处理策划对象各个要素之间的关系，以正确的营销理念将各个要素整合统筹起来，从而形成完整的策划方案并达到优化的策划效果。

市场营销策划的流程：

环境分析 → 营销目标锁定 → 营销战略策划 → 营销战术策划 → 形成营销策划书 → 营销策划实施 → 评估与修正。

品牌策划就是使企业形象和产品品牌在消费者脑海中形成一种个性化的区隔，

并使消费者与企业品牌和产品品牌之间形成统一的价值观，从而建立起自己的品牌声浪，包括品牌化策划、品牌使用者策划、品牌数量策划。

品牌命名策划的原则：①易读易记；②独特新颖；③注重文化意蕴；④不触犯法律，不违反社会道德和风俗习惯。

品牌设计策划的原则：①简洁明了，新奇独特；②易懂易记，引发联想；③形象生动，美观大方；④功能第一，传播便利。

品牌定位策划的原则：①以目标消费者为导向；②以差异化为标准；③以产品特点为基础；④考虑成本效益比。

企业形象策划，即企业识别或企业形象设计或塑造，简称 CIS（corporate identity system）。企业用于市场竞争的一切设计采取一贯性和统一的视觉形象，并通过广告以及其他媒体加以扩散，有意识地造成个性化的视觉效果，以便更好地引起公众的注意，使企业的知名度不断提高。

CIS 由理念识别系统（MIS）、行为识别系统（BIS）、视觉识别系统（VIS）组成。

二、案例引入

案例引入 1：可口可乐火炬在线传递

案例背景资料：2007 年 6 月，北京奥运会的赞助商之一可口可乐公司在它的官方网站上发布了一个振奋人心的消息，该公司将向全国公众提供 1 188 个火炬手/护跑手名额；同时面向全国 31 个省、自治区、直辖市的“谁点燃我心中圣火”可口可乐奥运火炬手选拔正式启动，全国各地公众可以即刻参加这一历时四个月、备受瞩目的火炬手选拔活动。可口可乐公司还将向每名可口可乐奥运火炬手赠送其亲手传递过的火炬，让他们可以永久保留这份珍贵纪念和美好回忆。一时间提名和竞争当选可口可乐奥运火炬手成为各地热议的话题，几乎每个省份都提名超过千人作为候选人。

案例：自活动开始，参与该活动的人数就呈几何倍数增长，活动开始的短短两周内，已经有 1 700 多万的参与者。累计至 2008 年 8 月，超过 6 000 万个用户加入了火炬在线传递队伍，成绩斐然。同时，论坛和博客上一时间充满了想要被邀请参加活动的资讯，百度、谷歌上有数百万条搜索。这些结果显示了该活动所创造的影响力及口碑。

线上调研结果显示，在参加调研的两万多个 QQ 用户中，火炬在线传递活动的知名度达到 97%，更有 78%的受访者参与了该活动。他们均表示，很喜欢可口可乐提供给他们的这种通过网络亲身体验及参与奥运火炬传递活动的方式。这个活动让他们觉得很有民族自豪感，并比之前更喜爱可口可乐这个品牌。

——本案例来源于百度文库

案例分析要点：营销策划。

案例分析：

QQ 作为中国最大的通信平台，用户多、覆盖率高。可口可乐抓住了年轻人的胃口：有个性、前卫、时尚、新潮。

可口可乐通过 QQ 强大的即时通信用户平台，成功实现了在短时间内用户深度参与的品牌营销传播。执行的过程中的游戏规则也是充满了创新，让人带有新奇感。

可口可乐的品牌标示无处不在，但参与者并没有感觉自己是在接受可口可乐的品牌推广信息，而是感觉自己在参与奥运活动，在参与一个自己和朋友之间的互动游戏，在潜移默化中，接受了可口可乐公司的品牌信息。“火炬在线传递”活动正是满足了消费者的心理需求，以参与活动的方式表达自己对奥运的激情。

案例引入 2：雅诗·兰黛“寻找 No. 1”活动

案例背景资料：雅诗·兰黛主要出售四种护肤品。已经发展成为全球最大的护肤、化妆品和香水公司，并且仍在不断拓展业务。1946 年，雅诗·兰黛夫人创立了雅诗·兰黛，她以自己的名字为公司命名。雅诗·兰黛的产品风格是精于研发和精致优雅，它的主题产品有护肤品、彩妆和香氛产品。这些化妆品、护肤品和香氛产品适合东方人士。雅诗·兰黛的产品在中国大陆各大城市的雅诗·兰黛专柜销售，包括北京、上海、深圳、广州、哈尔滨、长春和南京等。

案例：雅诗·兰黛针对年轻人的媒介接触情况，联合开心网、人人网、新浪微博等流行于年轻人群中的 SNS 社区发起了“寻找 No. 1”游戏。雅诗·兰黛首先利用这些 SNS 社区展开软文宣传，之后正式进行社区小游戏，并在游戏进行中用新浪微博等全线跟踪，保证了活动进行的热度。此外，雅诗·兰黛还通过积分赢取试用装的方法，成功吸引了众多目标消费者的注意。

2010 年 8 月起，开心网雅诗·兰黛主页开始了一系列的软文宣传，用奥运冠军郭晶晶、护肤医生、时尚主编等名人的口吻，宣传脱氧核糖核酸（DNA）科技的新产品。

——本案例来源于百度文库

案例分析要点：营销策划。

案例分析：

该案例以名人口吻发布软文宣传，利用了知名的明星宣传为此次活动造势，选择了当时国内最有人气和知名度最高的网络交流平台——微博与 SNS 社区做宣传，短时间内人气骤增。雅诗·兰黛以“奢侈品免费”心理抓住大众，同时吸引更多人参加，扩大品牌知名度。

新颖的互动游戏设计操作简单便捷、形象生动，且游戏主体物与产品相对照，产品包装以金色纹路设计，也就是游戏中的DNA链。

雅诗·兰黛“寻找No.1”活动以人传人的方式在人人、开心、新浪微博迅速展开，口碑良好，引来好评无数、实现了在短时间内用户深度参与的品牌营销传播。

案例引入3：2020年红牛是怎么玩一物一码营销活动的?

案例背景资料：红牛（Red Bull）是红牛维他命饮料有限公司旗下的功能饮料品牌。20世纪70年代，红牛饮料创始人许书标的工厂研制出一款内含水、糖、咖啡因、muco-纤维醇和维生素B等成分的“滋补性饮料”，取名为“红牛”。1995年红牛进军中国市场，从泰国来到中国。

案例：进入2020年夏季后，功能饮料市场的竞争就愈发激烈，各路巨头纷纷加入促销阵营，红牛、乐虎、东鹏特饮……眼看国内功能饮料市场“红红火火”，其中备受瞩目的红牛为了抢占2020年夏季市场也开启了新一轮年度大促活动。为了激发消费者的购买扫码欲望与驱动终端零售商卖货的积极性，红牛策划了“一元畅享，当红不让”与“箱内扫码赢红包”的营销活动，双管齐下，有效提高了终端动销。

1.“一元畅享，当红不让”活动详情（中奖率40%）

凡在活动开展地区购买“红牛维生素风味饮料促销装产品”，拉开金色拉环发现拉环内印有“1元畅享”字样，即可凭完整中奖拉环至指定兑换网点加1元人民币换购1罐红牛维生素风味饮料。

2.“箱内扫码赢红包”活动详情（中奖率100%）

凡在活动区域购买带有“箱内扫码赢红包”标识的24罐红牛维生素风味饮料，通过微信扫描箱内二维码即有机会获得微信现金红包。

——本案例来源于道客巴巴

案例分析要点：营销策划、品牌策划。

案例分析：

1. 从市场营销策划的原理分析

该活动的策划运用了人本原理，即以人力资源为本，通过探究消费者的需求和发挥策划人的创造性策划了这两种促销活动；差异原理，即根据不同的时期推出不同的促销活动；效益原理，即以成本为中心，虽然本次的两个活动以抽奖为主，但是大大地提高了销售额以及客流量，有效提高了终端动销。

2. 从品牌策划分析

（1）消费者愿意买，提升复购率。

扫码送红包玩法，让消费者愿意购买、愿意扫码，品牌商直接建立互动，极大提升二次购买率。

（2）获取用户大数据，玩定向营销。

通过消费者扫码，商家可获得一系列用户信息，包括：谁扫的，什么时候扫的，通过哪些渠道扫的，等等。商家可以据此建立用户信息，为营销决策提供依据，有针对性地进行市场营销。

案例引入 4：周大福的经销形式

案例：周大福（全称：周大福珠宝金行有限公司）是一家生产销售珠宝首饰的企业，由郑裕彤于 1929 年在中国香港创立。2008 年 10 月 16 日，周大福集团成立"周大福慈善基金"。2011 年 12 月 15 日，周大福在港交所挂牌上市。2014 年 8 月，周大福收购美国钻石品牌 HEARTS ON FIRE。周大福的创始人是周至元，在 20 世纪 60 年代，周大福由郑裕彤先生接手经营，其后他首创的 999. 9 纯金首饰，成为黄金首饰业的成色典范。20 世纪 90 年代初，周大福决定以成本加上合理的利润制定"一口价"，现其已成为"货真价实"的另一代名词。

——本案例来源于百度文库

案例分析要点：营销策划、企业形象。

案例分析：

从市场营销策划来看，周大福运用了效益原理，率先采用"珠宝首饰一口价"策略，以薄利多销的经营方式，节省讨价还价的时间，又运用了差异原理，从单纯比价格，走向比款式、比设计、比工艺。在营销目标上，周大福提出了"珠宝时装化，首饰生活化"的突破性营销概念，把首饰变成生活必需品，将珠宝变成时尚，甚至是一种艺术的目标。

从企业形象上来看，周大福在 20 世纪 60 年代首创的 999. 9 纯金首饰，成为一时佳话，又在 20 世纪 90 年代起，率先采用"珠宝首饰一口价"政策，虽然承受着金价差异的风险，但建立了"货精价实"的诚信商标，为公司建立了一个良好的企业形象。

案例引入 5：红极一时的地摊经济

案例背景资料：国家宣布一些城市开放夜经济，鼓励灵活就业，这是疫情之后的一场全民狂欢。各行各业的朋友都摆起了地摊，城管都打电话喊商贩去摆地摊。这一话题冲上热搜，并且各种营销活动层出不穷。

案例：2020 年受新冠疫情的影响，国内工厂停工停产，国民人均收入下降，居民消费能力下降，其次由于近几年国际关系紧张，导致经济发展缓慢，所以李克强总理提出了地摊经济，鼓励居民发展地摊经济。

——本案例来源于百度文库

案例分析要点：营销策划。

案例分析：

（1）涉及产品：腾讯、美团、优酷、花呗等互联网产品。

（2）营销策略：将自身产品特性与地摊相结合，比如《当代互联网人如何摆地摊》，将各个行业从业者变成街上的摆摊者。新媒体运营提供代写业务、设计师搞起了 PS、程序员卖起了精选假发等。

（3）增长策略：品牌方结合地摊经济，如腾讯将招聘工作搬到了地摊，各平台同时分发照片，树立了接地气的品牌形象。

案例引入 6：黄山香烟上市

案例背景资料： 20 世纪 90 年代，云系烟在中国市场上如日中天，红塔集团的红塔山、阿诗玛等品牌香烟在内地市场更是作为高端烟草代表受到消费者的广泛追捧。面对这样一个几乎绝对垄断烟草品牌，当时的安徽蚌埠卷烟厂可谓难以望其项背。1993 年 6 月，安徽蚌埠卷烟厂研发了一款无论是口感还是包装都可以与红塔山相媲美的新产品——黄山烟，如何打破红塔山在当时安徽市场上高端产品的封锁成为企业考虑的关键。

案例： 蚌埠卷烟厂无论是行业知名度还是传播资源，跟亚洲最大的烟草企业——红塔集团都不是一个重量级别的，在激烈的竞争中突围需要借力借势。当时，蚌埠卷烟厂在安徽省会城市合肥搞了一个全国性不记名卷烟品牌品吸活动，将新品黄山、红塔山、阿诗玛、中华等全国著名品牌放在一起进行评比，评比的结果是：黄山烟第一，红塔山第二，中华第三。随后，公司迅速在市场上发布了资讯：香烟品吸，黄山第一，红塔山第二。并且相关文案迅速在全国主流媒体上进行传播，红塔山被打了一个措手不及。黄山烟，就是通过几个巧妙的公关，化解了强势品牌红塔山在安徽、华东乃至于全国市场的优势，利用很少资源实现全国崛起的梦想，创造了弱势品牌巧妙挑战强势品牌，成功实现新产品上市的经典范例。黄山烟凭借良好的开端，以“天高云淡，一品黄山”为突破口，主打中式烤烟的品牌，“中国相，中国味”，使得黄山烟在赢得了眼球的同时也赢得了市场。

——本案例来源于百度文库

案例分析要点： 品牌策划。

案例分析：

纵观黄山烟的成功，关键在于比附定位，其巧借品牌名烟，将它们捆绑在一起，然后迅速传播，奠定了市场基础。首先，黄山烟将自己与主流的高端品牌放在一起让消费者与专家去品吸，本身就意味着其产品定位是面向高端市场的竞争性产品，即使是产品品吸本身，也已经使得黄山拥有了足够的本钱。其次，在品吸结束的第一时间，将品吸结果在省会城市合肥快速传播。香烟品吸，黄山第一，红塔山第二的广告铺天盖地，实现了信息第一时间到达，吸引了省内媒体的高度关注。最后，很显然，黄山烟的战略企图不仅是省内市场，它还要将产品与品牌“蛋糕”做大。所以，黄山烟在全国性媒体上很巧妙传播了这样一个主题，主题内容已经从品吸走向了更加广阔的视野，即中国烟草：黄山第一，红塔山第二。这时候，黄山品牌战略企图基本上被发挥到极致。

三、课后案例引入

课后案例引入 1：中国联通

中国联合网络通信集团有限公司（英文名称 China Unicom，简称“中国联通”“联通”）于 2009 年 1 月 6 日在原中国网通和原中国联通的基础上合并组建而成，在国内 31 个省（自治区、直辖市）和境外多个国家和地区设有分支机构，是中国唯一一家在纽约、香港、上海三地同时上市的电信运营企业，连续多年入选“世界 500 强企业”。

中国联通主要经营全球移动通信系统（GSM）、宽带码分多址（WCDMA）和频分双 I（FDD）-长期演进（LTE）制式移动网络业务，固定通信业务，国内、国际通信设施服务业务，卫星国际专线业务，数据通信业务，网络接入业务和各类电信增值业务，与通信信息业务相关的系统集成业务等。2009 年 1 月 6 日，原中国联合通信有限公司与原中国网络通信集团公司重组合并，新公司更名为中国联合网络通信集团有限公司。为与合并前的中国联通相区分，业界常称呼其为“新联通”。

中国联通拥有覆盖全国、通达世界的通信网络，积极推进固定网络和移动网络的宽带化，为广大用户提供全方位、高品质信息通信服务。2009 年 1 月，中国联通获得了当今世界上技术最为成熟、应用最为广泛、产业链最为完善的 WCDMA 制式的 3G 牌照，拥有“沃 3G/沃 4G”“沃派”“沃家庭”等著名客户品牌。

——本案例来源于夏清明的《市场营销学》

问题思考：

1. 什么是企业形象策划？
2. 企业应该如何增强企业象形？
3. 企业形象策划涉及哪些方面？

课后案例引入 2：华为手机的品牌策划

华为手机自成立以来，在市场上一直默默无闻，在消费者的心目中，其品牌形象和普通山寨手机无异。直到 2010 年，华为才发力手机终端市场运作，并取得了不俗的成绩。与辉煌的销售数据相比，华为更大的成功在于树立了华为手机在消费市场的品牌地位，消费者逐渐意识到华为并非一般的山寨品牌，而是一个具有强大研发实力和可靠产品质量的一流手机品牌。2014 年 11 月 14 日，全球领先的品牌咨询公司 Interbrand 正式发布“最佳中国品牌”百强榜，在发布会上特别向华为授予了“最佳全球品牌”荣誉称号，这是该榜单在全球发布 15 年以来，首次出现中国品牌。

一、策划案背景

（1）国产手机的崛起。中国不仅是世界最大的手机消费市场，占全球手机市场份额的1/3，同时也是世界手机重要的生产和出口大国，在全球手机排名前十中，中国手机已经占据了4席。据工信部统计，2013年第一季度，国产手机占国内市场份额的71%，时隔十年，国产手机再次在国内占据主导地位。曾经的两大国际巨头诺基亚和摩托罗拉分别被微软和谷歌收购，国内曾经的手机霸主如波导、科健、东信和首信等已然没了踪影，取而代之的是苹果、小米、华为、联想等品牌。

（2）手机定义的转变。手机产品的更新换代速度非常快，国内手机企业由于大部分从家电企业延伸而来，短时间内未能建立起相应的研发、生产和配套体系，产品质量很不稳定，产品的更新换代速度也跟不上，结果是国产手机迅速崩盘。直到苹果手机的问世，手机的定义和消费者需求被彻底颠覆。手机不再仅仅是一个通话的工具，而是一个集通信、分享、娱乐、学习、消费甚至办公为一体的移动终端。消费者关注的不再是耐用性、可靠性和稳定性，而是整体使用体验，包括系统界面的友好性、产品的反应速度及相应配套应用软件的丰富程度以及在产品使用过程中与品牌的交互中产生的品牌共鸣（个性、价值观、生活方式等）。这些改变为国内手机厂商创造了新的机会，尤其是曾经从事IT的企业，他们在软硬件研发实力和对消费者需求的把握上比传统的家电企业要强得多，这其中进步最快、发展潜力最足的当华为莫属。

二、华为手机业务分析

在进行品牌策划之前需要对华为手机进行SWOT分析，分析如下：

1. 优势

（1）企业综合实力强，有明确的战略导向。

（2）建立了良好的品牌优势和影响力。

（3）极大的产品和通信技术的积累。

（4）高素质、低成本的人才优势。

（5）本土化与差异化并存。

2. 劣势

（1）国产手机品牌用户忠诚度低。

（2）财力资源相对薄弱。

（3）宣传力度相对不足。

3. 机会

（1）中国移动互联网市场空间巨大，5G网络技术的研发。

（2）智能手机更新速度加快。

（3）海外市场的扩张，品牌国际化。

4. 威胁

（1）低价优势不明显。

（2）国际贸易保护手段的阻挠。

（3）智能手机市场竞争激烈。

三、华为的品牌策略

1. 企业品牌对产品品牌的背书

华为企业在业务和管理上的成功，扩大了华为在消费者心目中的影响力，面对这样一个企业，消费者没有理由不尊敬，并形成“高技术、高品质、高水平”的品牌联想，把这种品牌联想嫁接到华为相关产品上也就顺理成章了。同时，手机终端和通信设备之间的高相关性也是企业品牌延伸到产品品牌的关键因素，消费者有理由相信，一个生产通信设备的优质企业也能够生产优质的手机。

2. 产品品质对品牌的支撑

在华为手机的发展史上，也曾有一些经典产品不断涌现，例如 C5600、C8500、荣耀 U8860 等，华为 P6 的出现让消费者有眼前一亮的感觉，据统计，该手机上市仅三个月，P6 就实现 100 万台的销售量，预订量超过 600 万台，并有望达到 1 000 万台的销售目标。不断翻新的单机销量是消费者对华为产品品质和良好体验的有力佐证，正是有了一系列经典的产品，才支撑了“华为”手机在消费者市场的发展和壮大。

3. 整合营销传播对品牌的塑造

华为的营销传播分为两个层面——企业层面和产品品牌层面，前者形成“华为”品牌宏观和共性的品牌联想，后者形成具体产品；前者通常是半推半就的被动传播，后者是最近才开始的主动传播。华为手机直到最近才加大广告投入，2013 年 9 月网络推广中华为排名第一，P6 手机的上市进一步展示了华为手机团队的整合营销传播能力，可以说，华为手机借 P6 的上市打了一个漂亮的战役，不仅扩大了品牌的知名度，也提升了消费者对华为手机的品牌联想。

综上所述，华为正是在企业、产品和品牌传播三要素的相互协同下，迅速从一个类似山寨品牌成长为一个全国乃至全球知名的手机品牌，各层次消费者不再怀疑华为手机的品质，也无须担心华为带来的山寨形象，可以在潜意识认同“用华为，我骄傲”。

——本案例来源于夏清明的《市场营销学》

问题思考：

1. 华为手机品牌的竞争优势体现在哪些方面？

2. 手机行业竞争激烈，华为公司要想进行品牌不断维护和升级应采取怎样的品牌策划？

四、课后思考题

1. 如何理解营销策划的含义？
2. 营销策划的程序有哪些？
3. 产品品牌策划的原则是什么？
4. 怎样有效地对企业形象进行策划？

第十三章
市场营销管理

一、理论部分

市场营销计划是指企业从满足消费者需要出发制订的，关于企业产品、定价、分销、促销或品牌等营销方面的，对未来一定时期市场营销活动的规划和策略。市场营销计划是企业营销战略的重要职能之一，也是企业营销战略的最终体现，包括企业计划、部门计划、产品计划、市场信息、调查、预测计划、促销与分销计划。

市场营销计划的作用：

（1）明确为什么要开展营销。

（2）营销计划的制订是以消费者需求为出发点的。

（3）营销计划能使企业内部各部门和各方面之间的行动保持协调一致。

（4）营销计划是对未来市场营销活动的规划和行动策略。

市场营销计划编制程序（八个步骤）：①确定营销计划编制的基本原则；②分析营销现状；③分析市场营销机会与威胁；④确定营销目标；⑤制订营销战略；⑥落实行动方案；⑦编制预算表；⑧组织实施和检查控制。

市场营销组织是指企业内部涉及市场营销活动的各个职位及其结构，具有系统性、适应性的特点。

市场营销组织的基本形式：①职能式组织；②地区式组织；③产品管理式组织；④市场管理式组织；⑤产品市场式组织；⑥事业部式组织。

市场营销组织的设计：①分析营销组织环境；②企业规模；③产品类型；④企业所处行业的市场阶段；⑤确定组织内部活动；⑥建立组织职位。

市场营销控制是对市场营销计划执行情况的监督和检查，其目的是指出计划实施过程中的缺点和错误，以便加以纠正和防止再犯，并采取必要的对策，保证营销战略目标的实现。营销控制包括年度计划控制、赢利能力控制、战略控制和市场营销审计。

年度计划控制是指企业在本年度内采取控制步骤，检查实际绩效与计划之间是否有偏差，并采取改进措施，以确保市场营销计划的实现与完成。

年度计划控制的目的：确保企业达到年度计划规定的销售、利润及其他目标。年度计划控制的中心是目标管理。

年度计划控制的控制要点：①管理者必须把年度计划分解为每月或每季的目标；②管理者随时跟踪掌握营销情况；③管理者必须对任何严重的偏离作出判断；④管理者采取措施或改进实施方法或修正目标本身，弥合目标与实际执行结果之间的差距。

年度计划控制的适用层次：这一控制方式适用于企业及企业内各个层次，区别在于最高主管控制的是整个企业年度计划的执行结果，而企业内各部门控制的只是各个局部计划执行的结果。

市场营销成本包括：①直接推销费用；②促销费用；③仓储费用；④运输费用；⑤其他市场营销费用。

分析企业获利能力表：销售收入-销售成本及其他费用=利润。

战略控制是指市场营销管理者采取一系列行动，使实际市场营销工作与原规划尽可能一致，在控制中通过不断评审和信息反馈，对战略不断进行修正。

市场营销审计是对企业的营销环境、目标、战略和活动所做的全面的、系统的、独立的和定期的检查，其目的在于确定问题的范围和机会，提出行动计划，以提高企业的营销业绩。市场营销审计由营销环境审计、营销战略审计、营销组织审计、营销系统审计、营销效率审计、营销职能审计六个方面组成。

二、案例引入

案例引入1：卡特彼勒公司的分销系统

案例背景资料：卡特彼勒公司（原名：卡特彼勒推土机公司，Caterpillar）是一家工程机械和矿山设备的生产公司，于1925年成立，总部位于美国伊利诺伊州。1950年，卡特彼勒公司在英国成立第一家海外公司；1986年，卡特彼勒推土机公司更名为卡特彼勒公司。公司的经营范围主要是工程机械、矿山设备、发动机等。该公司的全称是美国卡特彼勒公司，其产品的特点是皮实、耐用。

案例：卡特彼勒公司是世界上最大的基建和矿山设备制造商，同时在农用机械和重型运输机械领域也具有相当高的地位，公司的价值超过160亿美元。回顾卡特彼勒所走过的道路，其首席执行官Donald V. Fites认为公司的竞争优势在于有一个无与伦比的产品分销系统。在全世界，卡特彼勒公司有186个独立经销商，它们出售公司的产品并提供产品支持和服务，成为架在公司与顾客之间的桥梁。除了对一些国家新开放的市场、原始设备制造厂和美国政府外，卡特彼勒公司的产品都是通过独立经销商来经销的。这种现象在其他竞争者那里是看不到的。Fites认为，在当地找经销商要远比自己企业设立经销机构有利。因为卡特彼勒的经销商都是在当地有一定历史的企业，它们已深深地融入当地的社会中，它们对当地顾客的熟知程度和因此而建立起的与顾客的亲密关系，值得卡特彼勒在这上面花钱。另外，卡特彼勒的产品都是高价值的固定资产，它们的折旧期较长，但它们通常都是在建筑工地、矿山这些环境恶劣的地方作业，就是最好的产品也会发生故障，而一旦发生故障，就会给使用者带来经济损失。通过经销商，卡特彼勒公司形成了世界上最快捷、全面的零件运送和维修服务系统。公司承诺对于在世界任何地方的卡特彼勒产品，都可以在 48 小时内获得所需的更换零件和维修服务。

但是，仅有一个形式上完善的分销体系并不足以使卡特彼勒在激烈的竞争中站稳脚跟，卡特彼勒和经销商的关系远胜于一纸合同上所注明的权利义务关系，他们之间更是一种家庭式的亲密关系。经销商不仅是卡特彼勒的产品运到顾客手中的一个渠道，而且是将顾客的意见反馈回来的一个渠道，这样经销商的职能也不仅是销售产品和提供售后服务，而且能促使公司生产出更符合顾客需要的产品。

——本案例来源于百度百科

案例分析要点：营销组织、营销计划、营销控制。

案例分析：

从市场营销组织来看，在全世界，卡特彼勒公司有 186 个独立经销商，他们出售公司的产品并提供产品支持和服务，成为架在公司与顾客之间的桥梁。这 186 个相当于市场营销组织中的地区性组织，因为卡特彼勒公司的市场很大。各地的需求差异也很大，所以建立这种相当于市场营销组织中地区性组织的经销商分销模式，不仅有利于市场开发和管理，还有利于掌握该地区的市场情报，实行有针对性的营销策略。

从品牌定位策划和企业形象策划来看，卡特彼勒的经销商都是在当地有一定历史的企业，他们已深深地融入当地的社会中，他们对当地顾客的熟知程度和因此而建立起的与顾客的亲密关系，突破了消费者的心理障碍，引起了消费者的联想和共鸣，在消费者的心中占据了一个有利的位置。公司承诺对于在世界任何地方的卡特彼勒产品，都可以在 48 小时内获得所需的更换零件和维修服务，为公司建立了一个完美的企业形象。

从市场营销计划来看，卡特彼勒公司有 186 个独立经销商，他们出售公司的产品并提供产品支持和服务，这是市场营销计划中的企业计划和促销分销计划。卡特彼勒公司以分销促进促销，建立销售网络，完善流通渠道，缩短了产品的营销时间，节约了销售费用，使卡特彼勒公司对于在世界任何地方的卡特皮勒产品，都可以在 48 小时内获得所需的更换零件和维修服务。

案例引入 2：《怕回家》

案例背景资料：2019 的春节档不仅有《啥是佩奇》，还有碧桂园和之外创意联手打造的《怕回家》，“你有没有过，怕回家？”

之外创意凭借《怕回家》赢得碧桂园投赏“信任是金”百万创意大赛，感动了无数春节回家的网友，这条竖屏视频点赞数 27 万，转发 21 万，评论 3 万。

案例：与众多主打喜庆欢乐的春节广告相比，《怕回家》显得尤为沉重，广告短片真实呈现了中国家庭的春节日常，无论每个人在外面经历了什么，家都会永远接纳我们。

网友评论，此片过于真实，有自己和家的真实故事。失败才是每个人每天的日常，世界上没有这么多成功，广告背后是深刻的人性洞察，直击人心。

——本案例来源于公关之家

案例分析要点：营销控制。

案例分析：

当用户感同身受《怕回家》里的情节，没有年终奖、没混出名堂、没考好、没生意、没房、没了公司、没赚到钱、没过好、没找到对的人、没了工作……当你在外受伤，回到家门口，按响门铃时，家门都会为你而开。这就是家的意义，没关系，你有家。

案例引入 3：欧莱雅营销背景

案例背景资料：随着中国男士使用护肤品习惯的转变，男士美容市场的需求逐渐上升，整个中国男士护肤品市场也逐渐走向成熟，近两年的发展更是迅速，越来越多的中国年轻男士护肤已从基本清洁开始发展为护理，其美容的成熟消费意识也逐渐开始形成。

2012 年欧莱雅中国市场分析显示，男性消费者初次使用护肤品和个人护理品的年龄已经降到 22 岁，男士护肤品消费群区间已经获得较大扩张。虽然消费年龄层正在扩大，但即使是在经济最发达的北京、上海、杭州、深圳等一线城市，男士护理用品销售额也只占整个化妆品市场的 10%左右，全国的平均占比则远远低于这一水平。作为中国男士护肤品牌，欧莱雅男士对该市场的上升空间充满信心，期望进一步扩大其在中国年轻男士群体的市场份额，巩固其在中心国男妆市场的地位。

案例：欧莱雅推出新品巴黎欧莱雅男士极速激活型肤露，即欧莱雅男士 BB 霜，品牌主希望其迅速占领中国男士 BB 霜市场，树立该领域的品牌地位，并希望将其打造成为中国年轻男性心目中人气最高的 BB 霜产品。欧莱雅男士 BB 霜的目标客户定位于 18~25 岁的人群，他们是一群热爱分享，热衷于社交媒体，并已有一定护肤习惯的男士群体。

欧莱雅在新浪微博上引发了针对男生使用 BB 霜的接受度的讨论，发现男生以及女生对于男生使用BB霜的接受度都大大高于人们的想象，为传播活动率先奠定了舆论基础。

代言人阮经天加入后，发表了属于他的先型者宣言："我负责有型俊朗，黑管BB负责击退油光、毛孔、痘印，我是先型者阮经天。"他号召广大网民，通过微博申请试用活动，发表属于自己的先型者宣言。微博营销产生了巨大的参与效应，更将微博参与者转化为品牌的主动传播者。

在京东商城建立了欧莱雅男士BB霜首发专页，开展"占尽先机，万人先型"的首发抢购活动，设立了欧莱雅男士微博部长，为关于BB霜使用者提供的一对一的专属定制服务。另外，特别开通的微信专属平台，每天即时将从新品上市到使用教程、前后对比等信息均通过微信推送给关注巴黎欧莱雅男士公众微信的每一位用户。

通过网络营销引发了在线热潮，两个月内，在没有任何传统电视广告投放的情况下，该活动覆盖人群达到3 500万，共307 107位用户参与互动，据新浪微博的统计，微博阅读量达到560万，在整个微博试用活动中，一周内即有超过69 136男性用户申请了试用，在线的预估销售，库存在一周内即被销售一空。

——本案例来源于爱学知识库

案例分析要点：营销组织、营销计划、营销控制。

案例分析：

面对其他男妆品牌主要针对"功能性"诉求的网络传播，麦肯旗下的数字营销公司MRM携手欧莱雅男士将关注点放在中国年轻男性的情感需求上，了解到年轻男士的心态在于一个"先"字，他们想要领先一步，先同龄人一步。因此，该品牌设立了"我是先型者"的创意理念。为了打造该产品的网络知名度，欧莱雅男士针对目标人群，同时开设了名为"型男成长营"的微博和微信账号，开展一轮单纯依靠社交网络和在线电子零售平台的网络营销活动。

案例引入4：北京全聚德集团的发展战略

案例背景资料：一炉百年的火，铸成了全聚德。其天下第一楼的美誉传遍中国。始建于1864年的全聚德，历经百年沧桑，历久弥新，它是近代中国餐饮史的缩影，是北京饮食特色的代表。经过几代全聚德人的艰辛开拓，全聚德已发展成为拥有60余家成员企业，年营业额5亿元，年接待顾客500余万人次，总资产6亿余元，无形资产7亿余元的中国最大的餐饮集团之一。

随着市场经济的建立，社会环境随之变化、经济结构在变迁，人们的消费需求随之改变。国际资本进入中国市场，带来空前的竞争和挑战，企业的生存和发展面临巨大压力。对于从传统中走来，习惯于传统思维方式和经营模式，囿于传统商誉的国有老字号企业，能否适应新时期的形势发展，能否跟上时代的步伐，能否经受住市场的考验，成为人们关注的焦点。在北京，许多昔日的老字号已风光不再，著名的餐饮业“八大楼”，有的已寂然无闻，有的步履维艰，前途未卜。老字号能否超越传统走向现代，不断创造辉煌的经营业绩？传统老字号能否与现代品牌接轨？

案例：面对新时期的机遇与挑战，确定进一步的发展目标，是全聚德必须认真思考和冷静对待的战略问题。为此，集团决策层进行了反复的讨论，并于1998年、1999年分别邀请了中国人民大学、首都经济贸易大学、北京工业大学、北京工商大学、北京财贸管理干部学院等30多位专家学者对全聚德集团的整体经营状况进行调研、咨询和诊断，对全聚德的未来发展进行系统的研究和论证。

专家学者对全聚德品牌给予了充分的肯定和评价，大家一致认为，以全聚德品牌烤鸭为代表的全聚德品牌，独具个性特征，具体表现在：历史悠久，全聚德品牌有着1935年的形成发展历史，积淀了深厚的文化底蕴，这是中国餐饮业多数品牌及“洋快餐”所无法比拟的。

特色鲜明：全聚德品牌具有中国特色、京味儿特色。其烤鸭和餐饮的烹制技艺，其经营、管理、服务、生产的理念、理论、方法、技能、工艺独具特色，不可替代。

雅俗共赏：全聚德品牌餐饮既有能满足贵宾高消费、高品位需要的精品，又有大众菜肴和食品，上至国家首脑、社会名流，下至平民百姓一致推崇，这是其他品牌难以做到的。

驰名中外：全聚德品牌在国内外享有很高的美誉度，1998年更是被国家工商总局正式认定为服务业第一家“全国驰名商标”。其品牌中所蕴含的巨大无形资产，为一般品牌所不具备。

事业领域宽广：全聚德品牌的主体属于商业服务业，但是就其品牌延伸所涉及的食品加工业以及连带发展的食品科研、养殖、种植业等，使得全聚德品牌事业跨越多行业，形成科工贸一体化。对经营这一品牌的综合要求之高，也为一般品牌所少有。

受到法律保护：全聚德品牌已经在国内外进行了商标注册，并以“中国驰名商标”的身份，享有更大范围的知识产权法律保护，使得这一品牌具有不可仿冒、不可侵犯性。

根据对全聚德品牌内涵结构及其特征的认识，专家认为，全聚德集团发展的战略目标应该是：以全聚德烤鸭为龙头、以精品餐饮为基业，通过有效的资本运营，积极审慎地向相关产业领域延伸，创造具有中国文化底蕴、实力雄厚、品质超凡、市场表现卓越、享誉全球的餐饮业世界级名牌。

——本案例来源于百度文库

案例分析要点：营销组织、营销计划、营销控制。

案例分析：

全聚德独有的个性和魅力，是“顺峰”“烧鹅仔”等后起之秀所不及的。但是，单一的全聚德烤鸭正餐，对于一个追求世界级名牌的企业来讲，其事业领域显得过于窄小，因此其必须谋求品牌的合理延伸。全聚德应该选择全面的事业发展战略

——“正餐精品战略”“快餐战略”和“食品加工业战略”。“正餐精品战略”是全聚德集团产业发展战略的中心环节，采取各种必要对策，使全聚德烤鸭能在北京烤鸭中独树一帜，形成产业优势、经营服务特色和文化壁垒是全聚德人面临的最紧迫的任务。实施“快餐战略”是全聚德扩大产业规模和市场占有率的必由之路，具有可能性和广阔的市场前景。在研究出符合工薪阶层消费省需求的品种、价格、营销方式和就餐环境，保持全聚德烤鸭及相关食品的独特口味，并解决了标准化产品、工厂化生产、连锁化经营、个性化服务等技术、管理难题后，快餐有可能成为全聚德未来的主导产业。“食品加工业战略”可以使集团的事业领域由单纯的餐饮业扩展到食品加工业。小包装熟食品可以直接进入家庭消费，中国有12亿人口，家庭熟食品是一个巨大的市场。全聚德激活食品加工业，只要市场营销到位，就会给老字号带来机遇。

三、课后案例引入

课后案例引入：《英雄》——一部糟糕电影的辉煌纪录

《英雄》有着糟糕动作片的一切特征——较弱的故事情节、失真的动作设计、装腔作势的台词。但这部糟糕的电影上市20天就创下了超过2亿元的票房。而当年风靡全球的《哈利·伯特》，在中国创下的票房仅为6 300万元。

《英雄》成功的原因，不是电影的精彩，而是营销策划、市场推广的创新。《英雄》营销案例组成了阵容强大的明星剧组，早在2001年年初，新画面公司就开始借助团队的明星效应，持续制造新闻。在媒体的支持下，这些“新闻广告”高强度持续进行了两年时间，终于让大量中国人按捺不住，走进影院观看这个中国有史以来营销最成功的电影——也许还是最糟糕的动作片之一。

《英雄》以令人赞叹的耐心、环环相扣的营销策划和长达两年的新闻公关，被列入当年十大营销创新案例之首。《英雄》营销的创新被写入中国电影史，但电影观众也已把它忘得一干二净。

——本案例来源于夏清明的《市场营销学》

问题思考：

1. 营销组织、营销计划、营销控制的优势和劣势是什么？
2. 营销组织、营销计划、营销控制的特点有哪些？

四、课后思考题

1. 为什么要对市场营销活动进行管理？
2. 市场营销计划的主要内容有哪些？
3. 市场营销计划编制的程序是什么？
4. 市场营销组织有哪些基本类型？
5. 市场营销控制的基本方式有哪几种？

第十四章
市场营销发展动态

一、理论部分

网络营销：是一种以上网寻找其他企业或客户在网上发布的各种信息或者将自己的信息放在网络上，供其他企业或客户查阅、订购和成交的营销方式。特点：虚拟性、国际性、互动性、服务性、成长性、整合性、超前性、高效性、经济性、技术性。职能：网络宣传、网络市场调研、网络分销、网络销售、网络经营服务、网络营销集成。

体验营销：通过看、听、用、参与的手段，充分刺激和调动消费者的感官、情感、思考、行动、联想等感性因素和理性因素，重新定义、设计的一种营销方式。基本特征：客户的主动参与，以客户体验需求为中心，认为客户是理性和感性的结合体，是有个性的个体，体验营销重在体验，次在营销。主要原则：适用适度、合理合法、经济性。相关形式：知觉体验、思维体验、行为体验、情感体验。

口碑营销：一种企业努力使客户通过其亲朋好友之间的交流将自己的产品信息、品牌传播开，以成功率高、可信度强为特点，以口口传播为途径的营销方式。特征：口碑传播信服度高、口碑传播的自发性、信息传播方也是接受方。影响因素：信息接收者的专业知识、信息传播者的专业知识、联系强度、感知风险。步骤：鼓动、价值、回报。应注意的问题：忽视产品和服务质量的提升、缺乏营销道德、忽视公司内部的口碑营销、缺少良好的负面口碑传播大众传媒。成功条件：寻找意见领袖、整合营销传播、实施各类奖励计划、放低身段、注意倾听。

关系营销：把营销活动看成是一个企业与消费者、供应商、分销商、竞争者、政府机构及其他公众发生互动作用的过程，其核心是建立和发展与这些公众的良好关系。特征：双向信息沟通与交流、协同合作、双赢、亲密、控制、反馈。原则：主动沟通、承诺信任、互惠。

微信营销：网络经济时代企业面临的营销模式的创新，是伴随着微信的火热而产生的一种网络营销方式。特点：点对点精准营销、形式灵活多样。优点：高到达率、高曝光率、高接收率。作用：广告、服务、销售。

大数据营销：基于多平台的大量数据，在依托大数据技术的基础上，应用于互联网广告行业的营销方式。特点：多平台化数据采集、强调时效性、个性化营销、性价比高、关联性强。

二、案例引入

案例引入 1：卫龙辣条整合营销

案例背景资料：卫龙创办于 1999 年，是集研发、生产、加工和销售为一体的现代化休闲食品品牌。卫龙食品位于景色秀丽的中国食品名城——河南省漯河市，是一家优秀的高成长型民营企业。公司主导产品——“卫龙”和“亲嘴”系列休闲食品以其味美、质优、价实赢得了广大客户的信赖。建厂 20 余年来，良好的企业信誉、领导者的远见卓识，以及一流的管理、生产及营销团队，使卫龙食品赢得了普遍赞誉，企业呈现出强劲的发展势头。

案例：近年来经济形势的动荡，使得食品行业中各种产品的销量不断剧减，利润下滑，但卫龙辣条却在夹板中开辟了适合自己的营销方式。卫龙辣条的成功在于其网络上整合营销，论坛上脑洞大开的段子，微博上让人捧腹的表情包，以及敢于模仿、创意无限的电商网站，如此顺应互联网思维的创意营销不但让消费者更容易接受，而且引起了广大网友的兴趣。平时网络上关注这些信息的群体也正好是他们的主要消费者，投放信息的定位十分的精准和明确，卫龙竦条在不断增加品牌曝光度的同时引导潜在的消费者关注他们的产品，最终转化成了实际的销量。

——本案例来源于《网络营销案例库》

案例分析要点：网络营销。

案例分析：

卫龙辣条大开脑洞，不按常理出牌的营销方式，成功地利用网络虚拟空间这个平台，迅速博得大量关注度，吸引了消费者的目光，通过与消费者的互动，呈现卫龙辣条为消费者服务的效果。卫龙辣条选择适合自己的热点，稳定、正面符合产品需要的调性，规划使用热点的周期和随之带来的各种变化，这都是基于卫龙辣条利用网络营销的整合性、超前性、高效性、经济性、技术性来做的。在整个运用的过程中，给予模仿、借鉴这些借势热点的动作以科学合理的理由，全方位、极致地使用，无可挑剔地模仿，最终寻找到自己的风格。

案例引入 2：《啥是佩奇》亲情营销

案例背景资料：《啥是佩奇》是张大鹏执导的贺岁片《小猪佩奇过大年》的先导片，时长 8 分 14 秒。该先导片 2019 年 1 月 17 日播出后迅速形成“病毒式”传播。该短片讲述了李玉宝为孙子在全村寻找“佩奇”的故事，拍摄地点位于河北张家口怀来县的一个村庄，片中的李玉宝大爷就是当地的一名村民。

案例：2019 年 1 月 17 日，一支时长为 5 分 40 秒的视频犹如“社交病毒”一样短时间就占据了各大社交媒体。《啥是佩奇》准确找到了大众的关注点，成为 2019 年开年以来第一个“爆款”，创造了 2.3 亿播放量、16 亿微博转发量。《啥是佩奇》通过表现爷孙之间哭笑不得的亲情故事，家住山区的爷爷亲手制作了一个爷爷牌的佩奇，解析了现代人在“城市化进程”中的矛盾与冲突。但当剧中“爷爷”拿出自己鼓捣的“硬核鼓风机佩奇”时，在震惊了家人的同时，也戳中了无数观众的泪点。所以，这个看上去并不可爱的物件，其实浓缩的是上一辈的爱，有点笨拙，却很真诚……

——本案例来源于腾讯大学

案例分析要点：体验营销。

案例分析：

《啥是佩奇》是以呵护顾客内在情感为目标的一种体验营销，首先是时间上的“契机感”，在适当的时间出现，抓准那个时间段的用户心理，才能不出意外地“出圈”，其次反映的是真实的社会现实，引起了用户的高度共鸣，让观众产生了共鸣。正由于亲情是能打穿各个地域和年龄层的文化符号，所以在春节期间利用亲情来营销早已不是新鲜事。

案例引入 3：大白兔跨界营销

案例背景资料：“大白兔”诞生于 1959 年——中华人民共和国成立十周年。当年，“大白兔”奶糖成为中华人民共和国成立十周年的献礼产品，在物资匮乏的年代里，它是极其珍贵的，是多少“60 后”“70 后”儿时最美好的记忆。

大白兔作为中国最知名、最受人们喜爱的糖果之一，陪伴了无数人度过了他们的童年。最初人们因其香醇的奶味与简单好记的名字而记住它，但随着大白兔慢慢进入我们的生活，让孩子吃大白兔已经成了一种本应做的事。大白兔奶糖不仅是中国名牌和中国驰名商标，而且产品更是经销全世界 40 多个国家和地区，成为国际市场上经久不衰的大众宠儿。大白兔经典奶糖系列现主要有：经典原味、酸奶味、红豆味、清凉味、巧克力味等。

案例：大白兔从诞生到现在已有六十多年，从润唇膏到香水，大白兔的跨界之路越走越广。上线半天，销量破万，大白兔与气味图书馆联手推出的奶糖味香氛，以“网红”之姿再次证明了情怀牌的作用。作为一个传统的食品品牌，大白兔的渠道和宣传偏重线下，与气味图书馆等年轻化品牌跨界推出新品，能够有效地让“90 后”“00 后”感知到大白兔品牌。

——本案例来源于《2019 十大营销事件盘点》

案例分析要点：口碑营销。

案例分析：

大白兔不断地跨界推出其他领域的产品，以此来博得关注和话题，帮助其提升品牌传播度，打破其过时的品牌形象。大白兔在保持自身原有口碑之下一路精进，时刻紧跟时尚潮流，既引起了“70后”“80后”对于美好童年的怀念，也拉近了与“90后”“95后”“00后”年轻一代的距离。大白兔跨界多元化无违和感地跟年轻人互动，增加了品牌黏性。

案例引入4：小米与客户的关系营销

案例背景资料：小米科技（全称北京小米科技有限责任公司）由前谷歌、微软、金山等公司的顶尖高手组建，是一家专注于苹果、安卓等新一代智能手机软件开发与热点移动互联网业务运营的公司。公司2010年4月正式启动，已经获得知名天使投资人及风险投资Morningside、启明的巨额投资。

2010年年底小米科技推出手机实名社区米聊，在推出半年内注册用户突破300万人。此外，小米公司还推出基于CM定制的手机操作系统MIUI，安卓双核手机小米手机等。米聊、MIUI、小米手机是小米科技的三大核心产品。

小米公司最初有意无意地制造饥饿营销的效果。产品最开始可以凭借相对高的价格卖给尝鲜者，以及“米粉”。接着定制微博运营平台，建立了可供几十个客服同步管理的机制。在各种手段的综合作用下，小米手机迅速发展壮大。

案例：在中国，小米有112个同城会（地方粉丝社团），人数近千万，一年下来大大小小的“米粉”聚会约有60场。MIUI官方版本只支持繁简体、英文版本，但在“米粉”的协助下，目前实际版本数已达到25种。MIUI官方版本支持的手机原有36款，“米粉”让这个数字扩大到143款。小米成功的一点便是塑造了自己的粉丝文化，让粉丝成为产品的代言人，去宣传小米的优点，去维护小米的品牌荣誉，所以说是“米粉”成就了小米也毫不为过。而且显然，小米也非常重视“米粉”文化的塑造，“因为米粉，所以小米”也是雷军经常讲的一句话。

——本案例来源于原创力文档

案例分析要点：关系营销。

案例分析：

小米公司致力于通过市场渗透和产品的发展来获得市场占有率和顾客忠诚度。小米通过与粉丝互动来了解消费者对于手机功能的各种需求，以此来提高小米的实用功能。小米这样做不仅是让自己的品牌亲民化，更是近距离地与消费者进行有效的交谈。小米通过塑造自己的粉丝文化，让粉丝成为产品的代言人，去宣传小米的优点，去维护小米的品牌荣誉。

案例引入5：快看呐！这是我的军装照

案例背景资料：《快看呐！这是我的军装照》是为庆祝建军90周年，由人民日报客户端创意出品并主导开发、腾讯天天P图提供图像处理支持的新媒体产品。

为纪念建军90周年，人民日报客户端借助人脸识别、融合成像等技术，制作互动H5《快看呐！这是我的军装照》（简称“军装照”H5），帮助网友生成自己的虚拟“军装照”，共同表达对人民军队的喜爱之情。

案例：7 月 29 日，为庆祝建军 90 周年，人民日报策划推出一款换脸“军装照”H5。用户扫描二维码，上传自己的照片，就可以生成帅气的军装照，这款 H5 一经推出，浏览量呈井喷式增长。截至 2017 年 8 月 2 日 17 时，“军装照”H5 的浏览次数累计达 82 亿次，独立访客累计 1 271 亿人，一分钟访问人数峰值高达 41 万人。

这支 H5 将 1927—2017 年的 11 个阶段 22 套军装全部呈现出来，用户上传照片选择年限即可制作自己专属的军装照，使用户产生一种对军旅梦的向往和在朋友圈展现自我的欲望，从而满足了自己的需求，在移动交平台实现裂变式传播。

——本案例来源于人民日报

案例分析要点：大数据营销。

案例分析：

“军装照”H5 推出的时机恰到好处，刚好在建军节，情绪与情感是新媒体时代传播的重要因素。“军装照”H5 沿着每个人的社交链相互传来，在移动社交平台实现裂变式传播。H5 的主题设计采用了翻开桌面相册的形式，桌上有军功章、铁制台灯，相册里则有不同时期军人的照片。每一步的操作都很清晰易懂，还可以根据自己喜好的样式来制作照片，可谓老少皆宜。

三、课后案例引入

课后案例引入 1：海尔：计算机网络链接新经济速度

海尔公司通过 BBP 交易平台，每月接到 6 000 多笔订单，定制产品品种逾 7 000 个，采购的物料品种达 15 万种，新物流体系降低呆滞物资 73. 8%，库存占压资金减少 67%。目前，SAP 公司为海尔集团搭建的国际物流中心正式启用，该中心成为国内首家达到世界领先水平的物流中心。

SAP 主要帮助海尔完善其物流体系，即利用 SAP 物流管理系统搭建一个面对供应商的 BBP 采购平台，它能降低采购成本，优化分为多种供方，为海尔创造新的利润源泉。如今，海尔特色物流管理的“一流三网”充分体现了现代物流的特征：“一流”是以订单信息流为中心；“三网”分别是全球供应链资源网络、全球用户资源网络和计算机信息网络。“三网”同步运行，为订单信息流的增值提供支持。

在互联网时代，海尔作为国内外一家著名的电器公司，迈出了非常重要的一步。海尔公司 2000 年 3 月开始与 SAP 公司合作，首先进行企业自身的电子转换器（EBR）改造，随后便着手搭建 BBP 采购平台。从平台的交易量来讲，海尔集团可以说是中国最大的一家电子商务公司。

海尔集团首席执行官张瑞敏先生在评价该物流中心时说：“在网络经济时代，一个现代企业如果没有现代物流，就意味着没有物可流。”对海尔来讲，物流不仅可以使我们实现三个零的目标，即零库存、零距离、零营运资本，更能让我们在市场竞争取得核心竞争力。通过SAP成功实现的ERP和BBP项目，海尔物流“一流三网”同步模式可以实现目标：“为订单而采购，消灭库存。”

在海尔，仓库不再是储存物资的水库，而是一条流动的河，河中流动的是按单采购的生产必需的物质。在企业外部，海尔CRM（客户关系管理）和BBP电子商务平台的应用架起了与全球用户资源网、全球供应链资源网沟通的桥梁，实现了与用户的零距离对接。目前，海尔100%的采购订单由网上下达，使采购周期由原来的平均10天降低到3天；网上支付已达到总支付额的20%。在企业内部，计算机自动控制的各种先进物流设备不仅降低了人工成本、提高了劳动效率，还直接提高了物流过程的精细化水平，达到质量零缺陷的目的。计算机管理系统搭建了海尔集团内部的信息高速公路，能将电子商务平台上获得的信息迅速转化为企业内部的信息，以信息代替库存，达到零营运成本的目的。

海尔在物流方面所做的探讨与成功，尤其是采用国际先进的协同电子商务系统进一步提升了海尔在新经济时代的核心竞争力，提高了海尔的国际竞争力，给国内其他企业带来了新的启示。

——本案例来源于夏清明的《市场营销学》

问题思考：

1. 本案例中海尔集团主要采取了什么营销模式？
2. 运用本章所学到六种营销模式给海尔集团提几点建议。

课后案例引入2：“打哈欠会传染”的体验营销

根据纽约州立大学的研究，看到别人打哈欠，有70%也会跟着有打哈欠的反应。

由巴西球王贝利开设的咖啡粉公司Cafe Pele根据这个有趣的现象，在巴西的地铁月台架上设了数字广告牌，荧幕上不停地有人在打哈欠，就像传染病一样，月台上的人也不由自主地开始打哈欠，就在此时Cafe Pele派出推销女郎端出热腾腾的咖啡，让大家感受到Cafe Pele的提神作用。以下是该案例的销效用。

1. 善用等待时间

在城市的快节奏中，没有人喜欢等待，因此该时机最适合做产品销售，而Cafe Pele也抓准了等待的商机，推出有趣的活动，成功吸引潜在客户的注意力。

2. 结合生活经验

“打哈欠会传染”是许多人都曾经历过的生活体验。Cafe Pele巧妙地将疲惫、打哈欠与咖啡联系起来，透过电子广告牌，利用打哈欠“传染”的效果，引发通勤族的生理反应，也让月台上的旅客们会意后相视而笑。

3. 抓住时机推出体验营销

好的营销，需要在对的时间点、瞄准对的消费者、推出对的活动。Cafe Pele抓住通勤族在月台上等待的时间，观察到通勤族打哈欠的反应后，实时端出咖啡，立刻为通勤族消除疲惫。Cafe Pele 创造好的时机点，让消费者实际体验到 Cafe Pele 的效果，成功建立了其提神的品牌形象。

4. 创造消费者需求

消费者不仅重视产品或服务的功能，而且重视在体验过程中，是否符合自己心理的需求与偏好。而 Cafe Pele 也先创造情境，引发通勤者的疲惫反应，激发消费者的需求，再进一步地提供服务满足消费者。

——本案例来源于夏清明的《市场营销学》

问题思考：

1. 体验营销的优缺点是什么？
2. 体验营销是以一种什么样的方式呈现在顾客面前的？
3. 体验营销的特征是什么？

四、课后思考题

1. 网络营销的内涵是什么？
2. 体验营销的主要原则有哪些？
3. 口碑营销的影响因素有哪些？
4. 关系营销的基本模式是什么？
5. 微信营销的特点有哪些？
6. 大数据营销的主要用途在哪些方面？

参考文献

[1] 杨延. 可口可乐全攻略 [M]. 深圳：海天出版社，2006.

[2] 中国商界. 海外眼光看海尔 [J]. 中国商界，2000 (5)：1006-7833.

[3] 周扬著. 中文企业营销案例分析 [M]. 北京：中国商业出版社，2018.

[4] 袁红清，李绍英. 电子商务：理论与实训 [M]. 杭州：浙江大学出版社，2019.

[5] 汤礼广. 生鲜电商全产业链协同创新发展研究 [M]. 合肥：合肥工业大学出版社，2017.

[6] 林祖华. 市场营销案例分析 [M]. 北京：高等教育出版社，2003.

[7] 田景熙. 电子商务案例分析 [M]. 南京：东南大学出版社，2005.

[8] 金伟林，王帧. 创新文化引领企业高质量发展：基于海尔集团的案例分析 [J]. 生产力研究，2020 (1)：1004-2768.

[9] 陈禹安. 产品膨胀：互联网时代的全新产品观 [J]. 销售与市场：评论版，2015 (8)：40-43.

[10] 王天春. 市场营销案例评价 [M]. 3 版. 沈阳：东北财经大学出版社，2016.

[11] 阮元. 广告文案案例分析 [M]. 武汉：武汉大学出版社，2015.

[12] 曹红兵. 汽车及配件营销 [M]. 3 版. 北京：电子工业出版社，2011.

[13] 陈云宁. 海尔集团电子商务营销策略研究 [D]. 北京：中国人民大学，2008.